MAR

2009

101 maneras de ligar

SUSAN RABIN

101 maneras de ligar

EDICIONES OBELISCO

Si este libro le ha interesado y desea que le mantengamos informado de
nuestras publicaciones, escríbanos indicándonos qué temas son de su interés
(Astrología, Autoayuda, Ciencias Ocultas, Artes Marciales, Naturismo,
Espiritualidad, Tradición...) y gustosamente le complaceremos.

Puede consultar nuestro catálogo en http://www.edicionesobelisco.com

Colección Nueva Consciencia
101 MANERAS DE LIGAR
Susan Rabin

1ª edición: marzo de 2000
5ª edición: enero de 2005

Título original: *101 Ways to Flirt*

Traducción, maquetación y diseño editorial:
TsEdi, Teleservicios Editoriales, S.L.
Diseño de cubierta: *Silvia Molas*

© 1997 by Susan Rabin
Publicado por acuerdo con Dutton Plume,
una división de Penguin Putnam Inc.
(Reservados todos los derechos)
© 2000 by Ediciones Obelisco
(Reservados todos los derechos para la presente edición)

Edita: Ediciones Obelisco S.L.
Pere IV, 78 (Edif. Pedro IV) 3ª planta 5ª puerta.
08005 Barcelona-España
Tel. 93 309 85 25 - Fax 93 309 85 23
Castillo, 540 -1414 Buenos Aires (Argentina)
Tel y Fax 541 14 771 43 82
E-mail: obelisco@edicionesobelisco.com

Depósito Legal: B-2.164-2005
ISBN: 84-7720-739-9

Printed in Spain

Impreso en España en los talleres gráficos de Romanyá/Valls S.A.
Verdaguer, 1 – 08076 Capellades (Barcelona)

MAR   2009

A todos mis lectores, quienes posibilitaron que mi primer libro fuera un best-seller y que exigían otro. Gracias por apreciar mi trabajo y por vuestra inspiración. Disfrutad de *101 maneras de ligar* tanto como disfrutasteis de *Cómo atraer a cualquiera, en cualquier momento y en cualquier lugar.*

A todos mis nuevos lectores: espero que disfrutéis de este libro como si se tratara de vuestra introducción al arte de ligar, y que toméis como referencia el libro *Cómo atraer a cualquiera, en cualquier momento y en cualquier lugar* para obtener más ayuda.

A Penguin Books por acentuar mi credibilidad y mi éxito en el campo de las relaciones personales. A mi familia y amigos (Stuart, Kristin, Jeff y Frannie), por estar orgullosos y disfrutar de mi éxito.

Agradecimientos

Me gustaría agradecer a la miríada de lectores que me han hecho saber cuánto han disfrutado de *Cómo atraer a cualquiera, en cualquier momento y en cualquier lugar*, y cómo los animó a salir, a divertirse y a cambiar sus vidas. Espero que este libro, *101 maneras de ligar*, continúe el proceso de «llegar a ser».

Gracias, Sandra Martin. Eres la mejor agente y amiga que una persona pueda tener.

Gracias a Peter Borland, el editor de *Cómo atraer a cualquiera, en cualquier momento y en cualquier lugar*. Él me ayudó con la aportación de sus ideas a escribir *101 maneras de ligar*.

Gracias a ti, Jennifer Moore, mi editora actual, por haber detectado ilusión y entusiasmo en este proyecto.

Gracias, Barbara Lagowski. Es un placer volver a trabajar contigo. Continúa así, Barbara.

Gracias a mis amigos y a mi familia. Nuestra relación enciende mi fuego.

Gracias a todos los hombres y mujeres que han pasado por mi vida y me han permitido ligar con ellos día a día. La vida es muy divertida cuando te relacionas con personas positivas, e incluso las comunicaciones poco placenteras pueden llegar a cambiarse con algo de habilidad.

Estrategias para llegar a ser un gran ligón.
¿Sabes...?

- Cómo dar la mano de modo sexy.

- Cuatro secretos para ligar que harán que la gente se fije en ti.

- Los objetos más simples que un ligón siempre debe llevar consigo.

- Modos de comportarse que pueden hacer que cambie tu aspecto, tu actitud e incluso tu vida.

En esta sabia e ingeniosa guía, una maestra en el arte de ligar te enseñará todas las habilidades que necesitas conocer para adquirir autoconfianza y afilar la comunicación, y al mismo tiempo te ayudará a que te acerques con aplomo a gente desconocida. No pasará mucho tiempo antes de que llenes tu agenda con docenas de interesantes amigos, contactos profesionales y citas… o una pareja estable.

Susan G. Rabin es terapeuta, profesora, directora de seminarios y asesora de medios de comunicación. Ha aparecido en *The Oprah Winfrey Show*, *Sally Jessy Raphael*, *The Montel Williams Show*, el programa *Today* de la CNN y en muchos programas de radio de ámbito nacional. Es la fundadora y directora de la Escuela Nacional del Flirteo. Además, Susan es coordinadora de educación sexual y planificación familiar en Nueva York. Barbara Lagowski es editora y autora de catorce libros.

Ligar, 101 maneras

Una mañana, mientras viajaba en tren hacia Philadelphia, tuve que tomar una decisión. En el asiento del pasillo, justo a mi derecha, había un atractivo hombre que buscaba algo en su cartera. Sentarme con él podría darme una oportunidad de ligar. En el resto del vagón había más asientos vacíos de los que podía contar, y escoger uno de ellos podría ofrecerme una hora y media de paz y tranquilidad. ¿Qué hacer? ¿Asumir el riesgo? ¿O mejor echar una siesta? Los otros pasajeros me empujaban con sus equipajes mientras intentaban pasar por el estrecho pasillo. Ignorando la precaución, me senté en el asiento de ventana, frente al hombre atractivo.

Unos minutos más tarde, el tren salía de la estación, y yo estaba segura de que había elegido de manera equivocada. A pesar de que mi compañero de asiento no me habló directamente, su lenguaje corporal me hacía sentir mal. No estaba dispuesto a mirarme a los ojos, ni a devolverme una sonrisa. Estaba inquieto como si algo

(¿o alguien?) le estuviera poniendo muy nervioso. Preocupada por si era yo la causa de este misterioso nerviosismo, empecé a leer el periódico de la mañana, mirando de manera furtiva a mi compañero de viaje, atrincherada detrás de las hojas de papel. Cuando vi que sacaba una popular biografía de su cartera, pensé que por fin se relajaría. Sin embargo, acercó sus ojos a la página, como si estuviera leyendo en una profunda oscuridad.

Simplemente no podía soportar su descontento durante mucho más tiempo. Aparté el periódico a un lado, le sonreí y le pregunté, tan amablemente como pude: «Parece que tienes algún problema para leer. ¿Quieres que me cambie de sitio para que puedas sentarte al lado de la ventana?».

En un primer momento se sorprendió, pero en seguida su comportamiento se suavizó. «Gracias por interesarse, pero el problema no es la luz. No me gusta mucho viajar en tren, no me gustan los asientos, ni el ruido, ni el modo en que se mueven los trenes. Lamentablemente, mi trabajo exige que viaje mucho. He ahí mi dilema.»

Le dije que lo comprendía. Entonces le pregunté qué estaba leyendo y así empezó la conversación. Me dijo que acostumbraba a leer biografías históricas, excepto cuando tenía que leer y releer el manuscrito en el que estaba trabajando. Le dije que acababa de publicar mi primer libro, *Cómo atraer a cualquiera, en cualquier momento y en cualquier lugar*. Le comenté que la experiencia había valido la pena, y que al final no importaba si el trabajo había sido duro. Antes de darnos cuenta, el tren estaba entrando el Philadelphia. Habíamos hablado de agentes editoriales y de procesadores de textos. Nos intercambiamos nuestras tarjetas de visita cuando bajamos del vagón.

Así pues, mi versión personal de *Extraños en un tren* se convirtió en un romance sin fin… ¿o en un descarrilamiento? Ninguna de las dos cosas. Aunque mi nuevo amigo me llamó dos días más tarde para decirme que el resto de su viaje había sido terrible en comparación con el tiempo que estuvo conmigo, y aunque nos encontramos para cenar en Washington, su ciudad, la distancia entre nosotros imposibilitó que pudiéramos siquiera entablar una relación romántica. Sin embargo, la historia del viajero de tren me ha ayudado innumerables veces para explicarles a solteros ansiosos el modo de tener éxito cuando ligan, no porque ésta sea precisamente una historia de amor perfecta, sino porque ilustra de manera perfecta las tres verdades que cada ligón debe conocer en el momento de decir hola, que te permitirán alcanzar nuevos objetivos con confianza y atraer a cualquiera, en cualquier momento y en cualquier lugar. Son éstas:

Ligar es un acto consciente. No es «algo que sucede cuando la química funciona». Si me hubiera pasado dos horas en el tren haciendo crucigramas seguramente habría añadido algunas palabras a mi vocabulario, pero no el nombre de un hombre encantador en mi pequeña lista negra. Y hasta que no te des a ti mismo la libertad de ligar, nunca lo conseguirás.

No hay ni un momento ni un lugar adecuados para ligar. Una parada de autobús, un canódromo local, la oficina de Hacienda o en un ruidoso tren no parecen los lugares más indicados para ligar. Pero cualquier sitio en el que conozcas a alguien especial será un lugar especial para ti. Prepárate para ligar con quien te encuentres, dondequiera que te encuentres, y seguro que acabas conociendo gente interesante sin importar dónde estés. Limita tu radio de acción a bares o fiestas de solteros y limitarás tu campo de juego y tu potencial como ligón.

Y la última pero no la menos importante, *ligar es el arte de relacionarse con otras personas sin intenciones serias.* Los únicos susurros que oí en el tren fueron los avisos de llegada a las estaciones... pero no puedo decir que me sintiera decepcionada. Aunque no conocí a esa persona especial, añadí un contacto interesante a mi red de conocidos, y esto es siempre síntoma de un buen día ligando. He oído que muchos ligones usaron las técnicas que describí en mi primer libro para hacer amigos fascinantes, compañeros informales, contactos profesionales y… sí, parejas duraderas. Mis estrategias harán lo mismo por ti si crees que ligar es una aventura impredecible más que un billete para el compromiso.

Los más de cinco mil ligones que han asistido a mis seminarios y talleres –muchos de ellos han contribuido con algunas de las historias que leerás en este libro– han aprendido que ligar no es un talento natural que algunos tienen y otros no. Es un talento fácilmente adquirible que te da autoconfianza, agudiza la comunicación, permite que te acerques a nuevos contactos con aplomo y llena tu vida (¡y tus agendas!) de un montón de nuevos e interesantes contactos.

Sé que dondequiera que estés, con quienquiera que decidas estar, los consejos, las técnicas y las historias de este libro te ayudarán. Tan sólo debes decidirte a salir para conocer gente y hacer que cualquier lugar funcione. Ahí fuera nacerán tus propios métodos, ingeniosos e infalibles, para ligar.

Tres miedos irracionales que evitan que liguen los grandes ligones potenciales

1. *«Tengo miedo a que el primer paso haga que parezca desesperado o sexualmente agresivo.»*

Esto no es así si no confundes ligar con seducir o convencer a alguien para que practique sexo contigo. La seducción y el apetito sexual pueden usarse para manipular, e incluso son de naturaleza desesperada. Lo que motiva este tipo de encuentros es la necesidad por parte de quien pretende seducir, de coaccionar a alguien para que satisfaga sus necesidades. Ligar, en cambio, es una expresión gentil y honesta que manifiesta un interés hacia otra persona. Su meta es sacar a la luz lo mejor del otro para, así, poder apreciarse mutuamente como dos personas mientras dure el encuentro. Las sutiles habilidades descritas en este libro harán que parezcas accesible, con confianza en ti mismo y en tu mejor momento, y no necesitado, depredador o dispuesto a cualquier cosa.

2. *«Tengo miedo de que no me encuentren atractivo.»*

Mitch, un amigo mío de treinta y nueve años, es un ligón estéticamente desafiante. Su pelo enredado le llega a los hombros, tiene los incisivos picados y una nariz que sólo podría amar un cirujano plástico. Tiene también una fuente de admiradoras que parece inagotable. ¿Por qué? Pues porque no hay nadie más atractivo e interesante que alguien que puede hacer que los demás se sientan interesantes y atractivos. Eso no significa que no te vayas a encontrar nunca con alguien que te rechace porque no tienes el pelo de Pamela Anderson o simplemente porque no tienes pelo. Te los encontrarás, pero será él o ella quien pierda algo, y no tú. Si sabes utilizar el contenido de este libro, podrás evolucionar hacia un punto de vista que aprecie mejor lo que te rodea.

3. *«Tengo miedo de decir algo estúpido.»*

Cuán estúpido es comentar lo siguiente: «¿Puede creerlo? Estaba aquí, intentando no tirarte mi Gatorade por encima, y lo único que he logrado es mancharte de barro». Y, sin embargo, ¿no es una sutil idea para un primer paso? Pues le funcionó a un amigo mío que tenía en su mano una lata abierta de bebida mientras montaba en bicicleta (¡si bebes, no conduzcas!), y que pasó por un charco para evitar mojar a una mujer que se cruzó en su camino. Le pagó la tintorería, y ella respondió con un almuerzo.

Algunas de las relaciones más dinámicas y duraderas que conozco empezaron con un encuentro fortuito o un comentario estúpido aunque franco. Así pues, ¿es estúpido preguntar «¿Crees que va a llover?» mientras estás haciendo una excursión por el Valle de la Muerte en pleno agosto? No lo es si esto empieza una conversación.

2

Tres miedos irracionales más que evitan que liguen los grandes ligones potenciales

1. *«No puedo soportar el rechazo.»*

Claro que puedes. De hecho, has sido perfectamente capaz de vivir con el rechazo durante toda tu vida. ¿Recuerdas aquel partido de fútbol del barrio en el que no fuiste elegido para jugar en ninguno de los dos equipos? Seguro que te sentiste herido, pero recogiste tu guante y te fuiste a buscar otro grupo de niños más amigable con el que poder divertirte. ¿Y te acuerdas de aquel chico tan atractivo que viste en esa discoteca? Te llevó toda la noche reunir el suficiente coraje como para pedirle que bailara contigo, pero te apartó de su camino como si fueras un bombardero enemigo. Quién sabe lo que fue de él (seguro que cosas horribles si hay algo de cierto en la idea de karma), tú, en cambio, sigues bailando, ¿o no?

Todo el mundo –desde un científico aeronáutico hasta un coleccionista de minerales, desde la reina Latifah a la princesa Diana– ha experimentado el rechazo. Lo que todos nosotros hemos aprendido de estas experiencias es que el rechazo es decepcionante, doloroso y a veces incluso embarazoso, pero nunca resulta fatal, definitivo o una razón por la que se debería dejar de ligar.

2. *«Tengo miedo de que la persona con la que estoy ligando no sea mi tipo.»*
¡Y me temo que por dejar pasar a tantas solteras atractivas sin la oportunidad siquiera de un «qué tal» te estás negando a ti mismo el puro placer de ligar! Ligar no es algo serio, orientado a conseguir una meta concreta. Y no es la vía más rápida para un compromiso que dure toda la vida. Si estás reservando tus dotes de ligón para un hombre o mujer imaginarios que hasta el momento sólo existe en tus sueños, puedes pensar que simplemente estás esperando el momento oportuno. Pero lo que realmente estás haciendo es negarte a ti mismo la posibilidad de una conversación estimulante, un breve respiro en una fiesta sin vida o, simplemente, un pequeño empuje para tu *ego*.

Del mismo modo, puede ser que exista alguien que en principio no parece ser tu tipo, pero que puede *serlo*. Pero si excluyes las posibilidades debido a las apariencias, su vestimenta o sus modales, nunca encontrarás a alguien de tu tipo.

3. *«Acabo de salir de una relación que duró demasiado. No quiero atarme.»*

¡Entonces ligar es tu pasatiempo! El arte de actuar y relacionarse sin intenciones serias te permitirá conocer gente que comparta contigo intereses sin la necesidad de que compartas su cama, sus deudas o su vida. En el ámbito personal, ligar te sacará de las depresiones que se dan después de una ruptura, permitirá que comuniques tus sentimientos (incluyendo tu intención de evitar relaciones duraderas) y te convertirá en un notable intérprete de los mensajes de los demás (si ella desea un compromiso a largo plazo, lo sabrás). En el campo profesional, ligar te ayudará a avanzar en tu carrera, ganar la atención y ayuda de los demás y hacer que los clientes desagradables pasen a ser colegas soportables.

3

Cómo ser alguien accesible

Lección 1: Divide y vencerás

¡Las campanas de boda nunca llegarán a romper esa antigua pandilla vuestra si seguís yendo siempre en grupo! Mujeres: puede que para encontraros se requiera una posibilidad entre un millón, ¡pero pocos hombres están dispuestos a acercarse a través de algunas de vuestras mejores amigas para encontraros! Y hombres: antes de que os unáis al grupo de machotes que está en la esquina de la sala, recordad que ninguna mujer desea acometer la línea defensiva de vuestros mejores amigos para acceder a vosotros.

Puede que la seguridad se encuentre en un grupo, pero la seguridad es un pobre sucedáneo de una vida social activa. La próxima vez que te inviten a una fiesta, arriésgate y ve solo. Puedes descubrir que volar a solas no es tan desalentador como imaginabas. O, si realmente no quieres enfrentarte a la idea de relacionarte por ti mismo, puedes acordar con tus amigos una separación durante un tiempo aproximado de una hora. Esto hará que cualquier admiradora tenga la ocasión de acercarse sin la necesidad de tener una audiencia o de tener que infiltrarse en tu séquito.

Cómo ser alguien accesible

Lección 2: Para encontrar gente interesante, sé una persona interesante

«¿Sé una persona interesante?», me preguntó Tony, un hombre que conocí tras uno de mis seminarios. «Eso no es posible. Las personas interesantes nacen, no se hacen.» De hecho, como expliqué a Tony, la gente interesante no nace ni se hace, sino que está continuamente en el proceso de llegar a serlo.

Así pues, ¿cómo puedes *ser* todo aquello de lo que eres capaz de *ser* sin tener que alistarte en el ejército? Ve a clases, aprende windsurf, hazte voluntario o vegetariano, ve a una convención psiquiátrica local o a la próxima convención *trekkie*, únete a Padres Sin Pareja o a otro grupo similar de solteros, ve a un seminario, o a un grupo de lectura de poesía, o asiste a esas lecciones de danza que tanto te arrepientes de haber abandonado cuando eras adolescente. Éstas y otras innumerables actividades que puedes realizar no sólo te harán alguien más intrigante y más completo, sino que también te acercarán a cientos de personas que comparten tus mismos intereses, te facilitarán un gran número de oportunidades para entablar conversaciones espontáneas y te convertirán en un ligón muy efectivo.

Intenta moldear arcilla (un consejo: hazlo mientras esté húmeda), apúntate a un cursillo de fotografía, ve a una cata de vinos, lleva a cabo todo lo que desees... Sólo tienes que proponerte salir de casa y hacerlo. Tener un hobby que te estimule mostrará lo fascinante de tu propia personalidad, e incluso te permitirá que te acerques a esa persona realmente especial que haría que tu vida fuera perfecta.

5

Cómo ser alguien accesible

Lección 3: ¡Sonríe, por Dios, sonríe!

Si leíste mi primer libro, *Cómo atraer a cualquiera, en cualquier momento y en cualquier lugar,* sin duda recordarás a mi amiga Leslie, una ligona por naturaleza que trabaja como secretaria ejecutiva, que hablaba tan bien por teléfono que conseguía citas sólo gracias a su voz. Bien, me siento orgullosa de poder afirmar que Leslie ha conseguido superarse a sí misma. Hace poco tiempo, un día por la tarde, en menos de una hora, ¡conoció a tres hombres encantadores en el Museo de Arte Moderno! ¿Cómo pudo una mujer de cuarenta y tantos lograr esto, viviendo en una ciudad llena de mujeres jóvenes disponibles y fantásticas? «Sonrío mucho», me comentó. «Verás, soy una especie de coleccionista de gente. Me gusta escuchar a las otras personas cuando cuentan sus historias, y descubrir qué es lo que les da vida. Por lo que, dondequiera que esté, me propongo sonreír siempre a los hombres y mujeres con los que me cruzo. Si tienen ganas de charlar, se detendrán. Si no... bien, digamos que lo mejor de un coleccionista de gente es que nunca tiene escasez de personas a su alrededor.»

Si el noventa por ciento de los hombres disponibles de Manhattan cogieran mañana el tren A hacia el olvido, no habría escasez de personas disponibles para ligonas como Leslie. Y tampoco habría escasez para ti, una vez que dejaras de reservar tus sonrisas para tus conocidos y empezaras a compartirlas con aquellas personas que quieres conocer.

Este simple consejo puede hacer cambiar tu actitud, tu apariencia (existen estudios que muestran que sonreír nos hace sentir mejor) y tu vida. Prométete a ti mismo que sonreirás como mínimo a cinco desconocidos cada día, y pronto dispondrás de un gran número de personas a tu alrededor.

6

Seguir cuando tienes más de una opción

Estaba esperando a un amigo dentro de un hotel abarrotado cuando reparé en un elegante caballero, y de veras me alegro de haberlo hecho. Sin advertir mi presencia y sin dirigirme ni una sola palabra, me enseñó una muy memorable lección sobre cómo ligar.

El hombre no entró precipitadamente en el bar, como hace la mayoría de la gente cuando entra en un establecimiento repleto, sino que aguardó unos instantes en la puerta para poder así observar a la concurrencia. Estaba sin lugar a dudas buscando una oportunidad para ligar. ¿Cómo? La única mujer en aquel lugar que parecía interesarle estaba hablando con una amiga suya. ¿Qué iba a hacer entonces?

La pregunta me preocupó más a mí que a este experimentado profesional. Caminó de una forma segura hacia la mesa de las dos mujeres, les regaló su más perfecta sonrisa y simplemente dijo: «¿Puedo invitar a beber a estas dos hermosas señoritas?».

¡Fue un golpe genial! El hombre sabía por experiencia que intentar separar a las dos amigas sería inútil, e inició su movimiento. Por supuesto, las mujeres aceptaron. Su gentileza no puso en peligro ni su amistad, ni su ética, ni sus planes.

Desde aquella mañana he compartido con todos los asistentes a mis seminarios este modo de actuar, que no supone ninguna amenaza, apaga la sed y te libera (mujeres: ¡utilizadlo con los hombres!). Por supuesto, sigo prefiriendo utilizar el método uno-contra-uno, pero si no puedes dividir al enemigo, ¡únete a él!

7

Miradas arrebatadoras que no te detendrán

Cada vez que nuestros ojos se encuentran con los de otra persona, aunque sea únicamente durante una fracción de segundo, enviamos un mensaje. Y debido a que el contacto visual es el primer contacto que llevamos a cabo con los hombres y las mujeres disponibles a nuestro alrededor, es muy importante que los mensajes que mandamos sean positivos y afirmativos, y no conflictivos o desafiantes. ¿Cómo podemos utilizar nuestra mirada para que las personas con quienes establecemos contacto busquen sus agendas para anotar nuestro teléfono en lugar de empuñar un arma?

- Para que tus intenciones sean comprendidas, el contacto visual debería ir siempre acompañado por una sonrisa amable, y nunca lasciva o maliciosa.

- Cuida tu lenguaje corporal. Si te inclinas demasiado hacia la persona que acabas de conocer o invades su espacio personal, parecerás demasiado agresivo.

- No transmitas nada que no sea amistoso. Esto significa que nada de guiños, nada de levantar las cejas exclamando «¡uau!» y, por supuesto, nada de fijarse en las partes del cuerpo situadas entre el cuello y los tobillos.

- Ten cuidado con las miradas breves. Pueden provocar que incluso los flirteos más sinceros parezcan taimados y sospechosos.

- No permitas que las miradas largas duren demasiado. En el reino animal, mantener la mirada se utiliza para amedrentar a las presas antes de atacarlas. ¡Y un buen ligón nunca ataca!

8

Un aprieto repentino:
el triángulo del flirteo

«Él no era terriblemente atractivo, ni vestía como si acabara de salir de la portada de un catálogo de moda. Sin embargo, un hombre en un ascensor no dejó de mirarme hasta que atrajo mi mirada hacia él. Entonces se dedicó a mirar fijamente el suelo como si se tratara de la Piedra Rosetta. ¿Qué hice mal?»

Lección: Muchos ligones creen que los ojos son, en realidad, la ventana del alma. ¡Podrás imaginarte sin duda cuán nerviosos tienen que sentirse cuando descubren que alguien los está mirando fijamente a través de sus ventanas!

Para alejar esta luz cegadora que representa el contacto visual, te sugiero que utilices la técnica del triángulo del flirteo para ampliar el área de observación.

Piensa en la cara de tu compañero como si se tratara de un triángulo, cuyos extremos más alejados se sitúan en ambas sienes y el otro vértice, en el extremo de la barbilla. Ahora, en lugar de mirar fijamente a los ojos, deja que tu mirada se deslice desde sus cejas hasta sus sienes, y desde sus orejas hasta su barbilla. Permite que vuestras miradas se encuentren –deberías acceder con una ligera sonrisa o un suave asentimiento– y continúa tu exploración moviendo ligera y alegremente tus ojos sobre su cara, siempre con respeto.

A primera vista, esta técnica te puede resultar extraña. Si eres del tipo de personas que prefiere un contacto visual directo, te parecerá que esta técnica no permite un verdadero encuentro. Pero hay estudios que confirman que estos breves movimientos oculares son los primeros pasos que conducen a la intimidad. ¿Qué tiene de malo aprender nuevos movimientos?

¿Cuándo deben cesar
las miradas prolongadas?

El contacto visual directo debería transmitir el siguiente mensaje: «Hola. Te he visto». Mantén el contacto el tiempo que necesitarías para pronunciar esta frase en voz alta, o se resistirá a buscar tu mirada de nuevo. Mantenla un milisegundo más y se sentirá ilusionado... o se alejará de tu campo de visión.

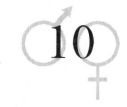

10

¿Por qué los buenos ligones sólo miran a los ojos?

- Porque ser analizada provoca que una mujer se sienta menos persona.

- Porque los hombres son algo más que la suma estimada de sus partes.

- Porque los cuerpos no siempre son lo que parecen.

- Porque cuando empieza un examen de tono sexual termina un flirteo amistoso.

- Porque aunque unos pechos grandes pueden llamar tu atención, no pueden mantener una conversación contigo.

- Porque te pillarán in fraganti.

Buscando el amor
en la lavandería

- Lava tu ropa por la noche. A esas horas, hay multitud de solteros en las lavanderías.

- No hay nada más aburrido que sentarse frente a una lavadora a esperar que las toallas se limpien. Apártate de los bombos de la lavadora y llévate a la lavandería algo que tú y tus compañeros de establecimiento podáis hacer para pasar el rato. Un ligón que tuve la oportunidad de conocer incrementó su popularidad llevando un fajo de revistas entretenidas a la lavandería e instando a los demás a ayudarse mutuamente. Otro tuvo buena suerte con un videojuego que podía ser utilizado por más de un jugador. Incluso un profesor de primaria consiguió que varias personas pasaran una hora en la lavandería dibujando y cortando papeles para un proyecto de vacaciones de segundo grado.

- Cuando tengas dudas sobre cómo actuar o qué hacer, no preguntes al propietario: busca la zona con más ambiente de la lavandería y pregunta por allí. Si sabes todo lo que hay que saber sobre cómo lavar la ropa, incluyendo las virtudes de todos los detergentes y suavizantes del mercado, asegúrate, por lo menos, de no tener el cambio justo.

- No seas avaro. Si la secadora de un atractivo desconocido se para antes de que la ropa esté totalmente seca, pon unas monedas en la máquina. Cuando vuelva, confiésale tu acto de amabilidad, pero no aceptes nada a cambio.

Nota para los hombres: No penséis que le estáis haciendo un favor a una mujer al sacar la ropa seca de la máquina y doblársela. A una mujer no le gusta saber que un extraño ha estado manoseando su ropa interior.

12

Tácticas espantosas para ligar ¡Realmente funcionó!

La alternativa

«*Una noche fui a un pub con un grupo de amigos. Cuando habíamos cogido mesa, me di cuenta de que había un hombre junto a la barra que no paraba de mirarme. Una hora después aún seguía observándome, y yo había enfermado de un caso agudo de escalofríos. Más o menos hacia la mitad de la velada, el DJ puso una canción lenta y ocurrió lo peor: el hombre se acercó a mi mesa y me pidió que bailara con él. Sin pensarlo dos veces (normalmente soy muy tímida) me giré hacia un hombre atractivo que estaba sentado en la mesa de al lado, cogí su mano y le expliqué a mi admirador: "Me encantaría bailar contigo, pero antes ya me lo ha pedido él". Entonces llevé a mi salvador a la pista de baile y le expliqué mis temores y mi comportamiento. Acaba-*

mos bailando durante el resto de la noche, ¡e incluso quedamos para el día siguiente!»

Lección: A la gente le encanta ayudar a los demás. ¿Por qué? Pues porque salir en ayuda de alguien –incluso si únicamente es para indicar una dirección– hace que uno se sienta cálido, necesitado y humano. Aunque una acción espontánea como ésta no pueda ser propia de ti, permite que tu nuevo amigo sepa que lo consideras accesible, atractivo y de confianza. Es más, el dramatismo de la situación ha roto el hielo, por lo que ya no tienes que hacerlo tú, y os da a ambos la posibilidad de charlar sobre ello una vez que haya acabado la música. ¡Buen movimiento!

13

Las señales que ella envía cuando quiere conocerte mejor

Una amiga me explicó hace poco tiempo una primera cita particularmente embarazosa que tuvo durante un safari. Ella y su acompañante no se conocían bien mutuamente, ni se conocieron mejor después de haberlo finalizado. Pero se separaron habiendo vivido la gran experiencia de descubrir un gran secreto de los rituales de apareamiento de las avestruces en cautividad, y de descubrir a su vez cuán cautivas están dos personas cuando se sienten rodeadas por enormes aves enzarzadas apasionadamente.

La danza de apareamiento llevada a cabo por hombres y mujeres es intrincada, fascinante y, por regla general, más aceptada socialmente; se realiza con movimientos que se reconocen con tanta facilidad que incluso un ligón novato los podría interpretar.

Incluyen:

La sonrisa. Si has estado ligando durante suficiente tiempo, sabes que las sonrisas pueden ser simplemente educadas, profesionales y expertas, o descaradamente falsas. ¿Cómo se puede distinguir entre esas muecas falsas y la sonrisa que transmite un «me gustas»? Por la temperatura. Una sonrisa sincera siempre es cálida y te hace sentir a gusto.

Miradas cortas y repetitivas. Este gesto significa: «de todas las caras que se mezclan en esta multitud, la tuya es la que más me interesa». Cuando ella mire hacia ti, asegúrate de sonreír.

La mirada fija. Si ella sostiene tu mirada mientras habla contigo, quiere transmitirte que le gusta lo que oye... y lo que ve.

Sacudir el pelo, mover suavemente la cabeza y humedecer los labios. Te encuentra atractivo y espera que te sientas intrigado por ella.

El susurro y la inclinación. Si ella se inclina hacia ti durante la conversación, o si te susurra para inducir a que tú te inclines hacia ella, te está invitando a compartir su espacio personal. Acércate a ella, pero no realices movimientos físicos evidentes. El roce es un tema espinoso para muchas mujeres y puede provocar que un movimiento en falso convierta un susurro íntimo en un silencio pétreo.

14

Las señales que él envía cuando quiere conocerte mejor

Por desgracia para las ligonas, los investigadores simplemente no conocen tan bien las señales no verbales de los hombres como las de las mujeres. Esto se debe a que el apareamiento entre ejemplares de *Homo sapiens* ha empezado a reconocerse como ciencia biológica sólo recientemente, y aún hay mucho trabajo por hacer. Puede incluso que tenga mucho que ver con el hecho de que los científicos consideran que las mujeres –y no los hombres– son quienes inician la comunicación no verbal; en otras palabras, él puede realizar la llamada, pero cuando ella ya ha enviado su mensaje.

Sin embargo, los hombres dan a conocer sus intenciones. Muchas veces muestran su interés de una manera similar a como lo hacen las mujeres (la sonrisa y la inclinación son técnicas comunes igualmente en ellos), pero han desarrollado su propio repertorio de signos no verbales, incluyendo un gran número de gestos caballerosos, como por ejemplo:

Apretar el nudo de la corbata o ponerse bien las solapas. Es el gesto que equivale al humedecimiento de los labios en el caso de las mujeres. Los antropólogos llaman a este tipo de señales «comportamiento atildado». El mensaje que se envía es el siguiente: «Me gustas y quiero causarte la mejor impresión que me sea posible».

Elevar las cejas. Los ojos pueden ser los espejos del alma, pero si quieres saber lo que un hombre realmente está pensando, mira sus cejas. Si están relajadas, o incluso lánguidas, no eres de su agrado. Pero si tiene los ojos abiertos y las cejas alzadas seguramente le has cogido por sorpresa... ¡y no podría estar más contento de ello!

Ofrecer el brazo. Puedes interpretar el hecho que te ofrezcan el brazo como una expresión de buenos modales. Logrado con apenas roce físico (y a veces incluso sin ningún tipo de contacto), este gesto puede pasar como poco más que un modo educado de acompañar a una nueva conocida a través de una habitación increíblemente llena, pero no te engañes. Un hombre que te ofrece su brazo es un hombre que no quiere perderte entre los demás asistentes a la fiesta. También es un hombre que desea que todos los otros candidatos interesados sepan que «él cuida de ti», y que no disponen de ninguna posibilidad.

15

Cómo hacer que ligar sea la diversión principal del parque de atracciones

- Nunca vayas a un parque de atracciones con un grupo numeroso. Impide que te digan «¿Solo? ¡Aquí!» cuando el encargado está buscando a una persona para llenar un hueco en un coche en el que se necesita que vayan dos personas. Con poca premeditación (¡y un gran estómago!) encontrar a tu pareja ideal puede consistir en un viaje en un bote circular.

- Si eres un padre soltero, o un soltero que no considera los niños una barrera para un romance, no olvides pasar por esos espectáculos acrobáticos que tanto gustan a los menores de diez años. He conocido hombres encantadores en Disney World, Sea World y Six Flags, simplemente empezando una conversación con sus hijos. Recuerda: hay muchos modos de llegar al amor, pero la manera de llegar al corazón de un padre soltero es a través de sus hijos.

- Gana algún peluche y regálaselo a un espectador afortunado. Este hecho le transmite que el premio en realidad eres tú.

16

Cómo caldear
un día nevado

- No te limites a los piropos; ¡quita la nieve de su camino! Un poco de actividad vigorosa es una forma de iniciar conversaciones entre personas con los pies helados. Y quién sabe... puede incluso que te inviten a una taza de chocolate caliente.

- Lleva contigo un bote de descongelante para cerraduras. Va muy bien para romper el hielo cuando encuentres a alguien que no puede abrir la cerradura helada de su coche. Para llegar a ser un ligón efectivo, lleva algunos cables de encendido y una bolsa de cristales anticongelantes en tu portaequipaje. Encuentra a alguien con problemas, y seguramente dependerá de ti.

- Una de las historias más hermosas sobre el flirteo invernal me la contó una mujer joven que vivía en

Vermont. Estaba en su cocina cuando se dio cuenta de que un hombre que había conocido hacía poco en una fiesta estaba andando delante de su jardín. Cuando subió a la ventana del piso de arriba para verle mejor, vio que el hombre había escrito un mensaje en la nieve: «Tengo un tobogán. Por favor, juega conmigo». Y ella siguió el juego. Desde entonces su amistad ha ido volviéndose más cálida.

Los peores lugares para ligar

- En la iglesia o durante la celebración de algún servicio religioso (como sabes, hay cosas que siguen siendo sagradas).

- Cualquier sitio demasiado oscuro como para utilizar la técnica del triángulo ligón, o bien demasiado apartado como para que cualquier persona, excepto un criminal, considere que te propasas con tus intentos de flirteo.

- El zoo. Los animales llevan a cabo las acciones más reprobables.

- Un salón unisex de belleza o una peluquería. Realmente, ninguna mujer quiere que se fijen en ella cuando tiene el pelo totalmente mojado, lleno de productos químicos o envuelto en papel de aluminio, como la cena que sobró anoche.

- En los juzgados. Especialmente si el caso que se está tramitando es el de tu propio divorcio.

18

Ligar
entre nudistas

- Lleva a la cena una corbata graciosa o un collar de perlas de tu abuela. Los accesorios adecuados siempre te mantendrán aparte de los que no los llevan.

- Olvídate de las gafas de sol. Se fijan en eso.

- Invita a un grupo de conocidos a jugar una divertida partida de *dress-poker*.

- En dos palabras: protector solar.

19

Accesorios para ligar: por qué debes llevar alguno si quieres entablar una conversación

«Démosles algo de lo que puedan hablar» era la máxima que estaba en los labios de todo el mundo hace tan sólo unos años. Pero siempre será una de mis frases favoritas porque podría haberse inventado para hablar de los accesorios destinados al flirteo: esas interesantes piezas para la conversación que llevamos con nosotros cuando queremos que otros nos dirijan la palabra. Resultan un compañero inseparable para los tímidos o una técnica eficaz para ligar a pecho descubierto para quienes tienen difcultades a la hora de entablar una conversación.

Un accesorio para flirtear puede ser cualquier cosa: un sonoro brazalete, una corbata o una camiseta con un diseño de Escher, un paraguas suficientemente grande para dos personas (enormemente útil para las paradas de autobús) o incluso una cometa hecha en casa. Eso sí, siempre que llame suficientemente la atención, invite al comentario y le diga al mundo cuán fascinante eres.

Aunque puedes encontrar docenas de accesorios para ligar –además de sugerencias sobre los mejores lugares donde usarlos– descritos a lo largo de este libro, en mi tienda los ligones me han confesado que las cubiertas de mis libros resultan los mejores motivos para empezar una conversación. ¿No estarás por casualidad leyéndolo donde alguien especial pueda verte?

20

Accesorios para ligar que atraen a cualquiera, en cualquier momento, en cualquier lugar

- Cualquier cosa fuera de lo normal. Conozco a un hombre que disfrutó de varias conversaciones con mujeres curiosas, e incluso dos de ellas le ayudaron a llevar un pesado tobogán de madera que acababa de comprar en una escuela... durante un fin de semana.

- Los tatuajes. Éstos nunca han sido tan aceptados por la sociedad como ahora. Y ya que se consideran un arte para ser exhibido, los embellecimientos del cuerpo son fuente inagotable de comentarios no deseados de antemano, aunque positivos. Yo me lo pensaría dos veces, sin embargo, antes de admirar los *piercing* de una persona desconocida, sobre todo si las perforaciones están situadas entre el cuello y los tobillos.

● Un bloc de dibujos. ¿Quién puede resistirse a una mirada rápida a una obra de arte que se está gestando?
Nadie. Esto es lo que convierte un libro de bocetos en
un buen reclamo para ligar.

Pero ¿y la habilidad que se requiere? Dibujar tiene
que ver con las líneas y los contornos, así que todo
lo que necesitas es captar el contorno general de lo
que te envuelve y, de paso, el interés de cualquier
espectador atractivo. Pero si no distingues entre un
lápiz de carboncillo y una briqueta, inténtalo con una
cámara. El sonido de una instantánea cuando se dis-
para atrae las miradas curiosas y nunca se sabe lo que
puede surgir mientras se tira una foto. Sólo asegúrate
de que limitas los temas de tus fotos a las escenas de
tu alrededor y que no son las personas el blanco de tus
avatares fotográficos. Es una mala costumbre situar
lo que despierta tu interés sensual ante el objetivo.

● Colecciones de objetos diversos. Tanto si coleccionas
relojes Swatch, corbatas vistosas u objetos de la
Guerra Civil (sé de uno que no va a ningún lugar sin
su gorra original de brigadista), haz gala de ello.
Aquellos que estén enterados, apreciarán tu colección. Y aquellos que no lo estén advertirán la oportunidad de conocer a una persona que en realidad no es
una más del montón.

- Medios de información. ¿Puedes meter un gol con una radio? Puedes si eres como mi amiga Kate, quien era la única persona en la calle con una radio durante el último partido de los mundiales de 1994. En pocos minutos, conoció suficientes hombres como para formar su propio equipo de fútbol.

- Una pieza única de joyería. Hace poco tiempo conocí a una mujer que vestía sólo una pieza de joyería: una pulsera de plata con la inscripción «Lagarta de primera clase». Sabía que la pieza había atemorizado a los pretendientes menos intrépidos, pero llamó la atención de su futuro marido, quien no estaba en el mercado precisamente para comprar muñequitos. Otra amiga, Melissa, se gastó doscientas pesetas en un collar fluorescente para niños (un plástico repleto de un líquido denso que se aguantaba por un hilo) y se fue a un bar de solteros. La luz verde del collar alegró el lugar, y el collar permitió que los hombres tímidos y quietos, aquellos que Melissa prefiere, hicieran lo que de otro modo no se habrían atrevido: mostrar su interés por Melissa al expresar curiosidad por su collar. Mi último accesorio para ligar es un anillo de cristal coloreado. Provoca que sea fácil empezar una conversación. Sin apenas darte cuenta, aparece y desaparece mientras estás hablando. Los solteros de mis seminarios no se pueden resistir a él. Si estáis interesadas en adquirir uno, escribidme.

21

Ir a por ello en la tienda de ultramarinos

Una de las historias más divertidas que he oído sobre ligar en una tienda de ultramarinos me la explicó una mujer que había comprado mi primer libro, *Cómo atraer a cualquiera, en cualquier lugar y en cualquier momento*. Había leído aproximadamente la mitad del mismo cuando su madre de setenta años de edad fue a visitarla. Mientras la mujer estaba ocupada en otra habitación, su madre cogió el libro de la mesita de café y empezó a hojearlo. Un poco más tarde, la anciana mujer fue al mercado y, por la emoción del momento, decidió poner en práctica algo de lo que había leído. Echó una ojeada a la gente que había, se fijó en un atractivo caballero y deliberadamente hizo que chocaran los respectivos carros de la compra. Por supuesto, la madre de mi amiga se disculpó, tal y como sugería en mi libro. Pero cuando el hombre se detuvo, le sonrió y le dijo: «No pasa nada. Una mujer tan atractiva como usted puede estrellar su carro de la compra contra el mío siempre que lo desee». A ella se le trabó la lengua y acabó abandonando su carro de la compra y el flirteo, y huyó apresuradamente de la tienda. ¿La lección? Mis consejos para ligar funcionan, incluso quizá de una manera más efectiva de lo que la gente espera. Y puedes utilizar muchos otros en el supermercado. Simplemente sigue estos útiles consejos:

- ¿Te has preguntado alguna vez quién compra en los supermercados abiertos las veinticuatro horas a las nueve y media de la noche? Pues solteros con carrera. Búscalos en la sección de verduras (¡los adictos al trabajo deben conservar sus energías!) o alrededor de los alimentos congelados.

- Compra una langosta viva. Te sorprenderías de la atención que llega a despertar un crustáceo vivo cuando vas a pagar en caja.

- Compra los mismos productos que un hombre o mujer que comparta tus intereses, tus necesidades nutricionales o incluso tus inclinaciones políticas; entonces cambia tu carro por el suyo por accidente. «Lo siento tanto... es que vi las hierbas para las infusiones y las hamburguesas vegetarianas en el carro y... claro, naturalmente creí que era el mío.»

- Esos lectores de infrarrojos que sirven para comprobar el precio de la compra no solamente son útiles a los empleados, sino que también facilitan los flirteos. Parecen muy simples de usar, pero prácticamente nadie puede utilizarlos sin que le ayuden... ¡y los ligones están siempre dispuestos a ayudar! Además, siempre hay alguien que se olvida su compra en el registrador automático. Esto te da una buena excusa para dirigirte a quien está justo ante ti... o preparar un «encuentro casual» con la persona que hay detras de ti.

- No, no es políticamente incorrecto ofrecerle ayuda a alguien que apenas puede llevar sus bolsas repletas. Es encantador y considerado, y resulta una sorpresa especialmente agradable el hecho de que una mujer se ofrezca a auxiliar a un hombre con una compra excesivamente pesada.

22

Lo que tu estilo de flirteo en el supermercado revela de ti

Mientras te acercas a la sección de verduras del mercado de tu barrio, te das cuenta de que hay un atractivo comprador junto a las cajas. Inmediatamente:

a) Te acercas a él precipitadamente, aproximas un melón a su nariz y le dices: «No puedes saber si está maduro sólo dándole palmadas. Tienes que olerlo. ¿Ves? Éste está a punto. Lo pondré en tu carro».

b) Puesto que el contacto verbal está fuera de lugar (si quisiera hablar, estaría en una cabina de teléfono, no en un supermercado), empiezas a dar vueltas por la sección donde está él, esperando que repare en ti.

c) Sonríes y saludas. Un poco de interacción hace que las tareas cotidianas sean más llevaderas.

* * *

Si la primera respuesta se aproxima más a lo que harías, eres un ligón agresivo. Aunque tus métodos directos hacen que te sea más fácil conocer a un gran número de prometedoras posibilidades (¿quién podría esquivarte?), tu aire de superioridad y tu tono exigente los acaba ahuyentando. Recuerda: ligar es un arte para relacionarse con otras personas y para permitir que los demás se relacionen contigo. O sea, avasallar nunca debe sustituir al acto de relacionarse.

Si se corresponde mejor la respuesta *b* a tu estilo, eres un ligón pasivo. ¿Puede alguien ser pasivo y un ligón a la vez? En realidad, no puede. Esta paradoja es una descripción detallada del conflicto interior que caracteriza a los ligones pasivos. Quieren desesperadamente que se fijen en ellos, pero son reticentes a dirigirse a alguien para atraer su atención; quieren caminar hacia la puesta de sol de la mano del hombre de sus sueños, pero son incapaces de realizar el primer paso. Lamentablemente, un ligón que no actúa es un ligón que acaba no consiguiendo lo que desea. Te sugiero que empieces a superar tu pasividad sonriendo a diez extraños cada día, y si ya lo has logrado, prométete saludar a diez extraños cada día. Lo peor que puede suceder sólo es que no te contesten, mientras que lo mejor es que tengas más confianza en ti mismo, ensanches tu círculo social y cambies tu vida para siempre.

La respuesta *c* es la marca distintiva del ligón enérgico. Hablas tanto si te hablan como si no, y si alguien no te contesta lo clasificas como «soldado de reserva». Puedes comunicar tus sentimientos e interpretar los mensajes no verbales de los demás, pero, sobre todo, sabes que ligar es un arte que puede hacerte más popular y puede ayudarte, de este modo, a que consigas más éxito en el mundo real. Te sugiero que leas este libro para añadir 101 modos nuevos de ligar a tu repertorio.

23

Buenos consejos para un feliz día de San Valentín

- Organiza una fiesta informal de San Valentín. Invita a todo el mundo que esté soltero, a hombres y mujeres (incluso a los que no tienen nada en común contigo), pero pon como condición para poder acudir que cada invitado traiga como mínimo a un amigo. Sobre todo, deja claro que tu fiesta está restringida a solteros. Los miembros de las parejas establecidas acostumbran a relacionarse juntos con los demás, y esto puede inhibir los apareamientos espontáneos.

- Apúntate a un gimnasio. Conocer a un grupo entero de personas a finales de febrero puede ayudar a que tu corazón se mantenga saludable.

- No envíes mensajes anónimos de San Valentín. Siempre se atribuyen a cualquiera menos a quien lo envió.

- Una mujer que conocí hace poco me habló de su sorpresa de San Valentín más memorable. Estaba trabajando de enfermera en la consulta de un dentista en la que siempre sintonizaban la misma emisora de radio local. Un 14 de febrero, se alegró muchísimo al oír que uno de sus pacientes había pedido para ella una canción. ¿Cuál era? *Make me smile*, de Chicago.

24

Complementos para ligar en los transportes públicos

«¡Cada día cojo un tren con cientos de hombres y nunca consigo conocer a ninguno!» No me costó mucho descubrir por qué mi amiga Alexandra no tenía suerte para encontrar el amor de su vida: ¡tan pronto como entraba en el tren se ponía los cascos del *walkman*! ¿Quién se preocuparía de molestar a alguien que está en el mismo vagón que tú y que ha tomado medidas tan drásticas para ignorarle? Desde luego, yo no lo haría.

Sin embargo, los trenes, aviones y autobuses pueden llegar a convertirse en lugares estupendos donde poder ligar. Todo lo que necesitas es sonreír y disponer de un buen complemento para ligar, como por ejemplo:

- Una mascota. He visto a mucha gente interesante en trenes, aviones y autobuses, pero nunca he observado a nadie que atrajera tanto interés como una mujer joven que iba en tren con un precioso gato persa dentro de un cesto. Todos los amantes de los gatos que pasaban cerca (y hay muchos, ya que los gatos son la segunda mascota preferida en nuestro país) se detenían para admirar al felino y a su dueña.

● Un horario. Los espontáneos tipo el-mío-pasa-dentro-de-cinco-minutos y los hombres de negocios atareados nunca parecen disponer de uno. Y es una buena manera de saber si el hombre impulsivo de la fila K, asiento 2, va en la misma dirección que tú.

● Algo tosco. Durante años, una mujer que conozco y que viajaba mucho llevaba su maleta en un viejo carro algo torcido. No hace falta destacar que llevar el carro a través de la puerta de embarque exigía un gran esfuerzo y un enorme trabajo de bíceps. Le pregunté por qué no se deshacía de él. «¿Qué excusa podría dar a un interesante compañero de viaje para que me ayudara?» Quizá no era una viajera muy inteligente, pero sí era una ingeniosa ligona.

25

Cuatro complementos para ligar que vuelven locos a los hombres

- Un libro. No, no me estoy refiriendo a una novela rosa con un pirata de cuerpo atlético en la cubierta (incluso aunque tuviera un holgado traje de bucanero en su armario y brillantina para el pelo, ¿podría ser tan impresionante como Sandokán?). En lugar de eso, inténtalo con una gran obra, un autor polémico o un título intrigante.

- Un coche único. Una ligona con éxito, de unos cuarenta años, conduce un Mercedes negro de 1971 en perfecto estado. El coche no le costó mucho; lo compró de segunda mano por unos tres millones de pesetas, pero ha amortizado varias veces ya su valor. El coche no sólo le proporcionó un buen medio de transporte, sino que también reactivó su vida social. Los hombres inevitablemente se paraban para preguntarle de qué año era el coche o si la pintura era original. Un ligón astuto incluso le preguntó si ella misma cambiaba el aceite, sin duda un buen método para saber si ya tenía un «mecánico» en su vida.

● Chaquetas y camisetas con logotipos de equipos. Es propio de una buena ligona vestir con los símbolos que manifiestan su espíritu deportivo. ¿Por qué? Pues porque los hombres enloquecen por las mujeres a quienes les gusta el deporte. Con una mirada sobre tu chaqueta sabrá que eres una mujer por la que vale la pena olvidar una noche de fútbol. También adivinará que nunca le obligarías a ello.

● Comida. Acostumbraba a dudar de que el corazón de un hombre se conquistara a través de su estómago hasta que conocí a Julie. Julie le dio su tarjeta a dos posibles pretendientes, y empezó a hablar de comida con unos cuantos más durante la hora y media que estuvo en el puesto de comidas del partido de fútbol de su hijo. Cuando le repetí esta historia en un seminario que estaba realizando, otra mujer me confesó que había obtenido un éxito similar mientras ofrecía trozos de pizza en un local de comida natural. ¿La lección? No dejes que su estómago ruja y te seguirá a cualquier parte.

26

Cuatro complementos para ligar que vuelven locas a las mujeres

- Un niño. Realmente no tiene importancia que sea hijo tuyo o que lo hayas tomado prestado (¿o es que no es importante ser tío?). Tan sólo viste a ese ser que gatea constantemente del modo más encantador posible y acompáñalo al parque o a cualquier lugar público. Los niños son ligones naturales. Siempre hacen amigos cuando están jugando, y vigilar sus travesuras facilita la interacción entre los adultos. Una observación, sin embargo: muchas mujeres –correcta o incorrectamente– creen que un hombre que es sensible a las necesidades de un niño también es sensible a las necesidades de las mujeres. Si tus intenciones son sinceras, tendrás éxito. Pero si eres un lobo disfrazado de canguro, ten cuidado. Te tirará a la basura más rápido que a un pañal sucio.

• Una corbata, un chaleco o unos tirantes interesantes. Estos accesorios permiten que incluso un hombre de negocios vestido formalmente tenga una oportunidad para mostrar su propio estilo. Pero lo mejor es que, debido a que corbatas, chalecos y tirantes no se llevan directamente sobre la piel, las mujeres tienen en qué centrar sus comentarios sin resultar demasiado atrevido. Un ligón que conozco ha obtenido muy buenos resultados de una corbata con el Demonio de Tasmania. Y a Larry King, a quien se conoce tanto por su gran colección de tirantes como por sus múltiples matrimonios, seguramente no le escasea la compañía femenina.

• Una mascota simpática. Las mascotas son imanes que atraen a la gente, y no tendrás que preocuparte por si la nariz de tu mascota se enfría. Únicamente asegúrate de que animas a tu cuadrúpedo amigo a hacer algo en lo que los demás se vean animados a participar. Muchas mujeres devolverán un disco de playa si cae cerca de ellas (¡puedes estar seguro de que lo harán!), pero muy pocas te acompañarán a dar un paseo de cinco millas en un Rover, ni se unirán a un partido de fútbol con un perro labrador de cincuenta kilos.

• Utensilios de cocina. No hay nada que despierte en una mujer una necesidad de ayudar comparable a ver a un hombre confundido con un complicado utensilio de cocina en su mano. ¿Cómo podría fallar? Tu presencia entre los fogones ya indica que quieres responsabilizarte de ti mismo y de tu alimentación, y esto resulta una actitud que las mujeres se sienten obligadas a respaldar. Así que lo que debes hacer es acercarte a la máquina de cortar pan que tengas más a mano (también es válida la máquina para pesar la fruta o cualquier instrumento que parezca complicado) y dedícale una mirada larga e interrogativa. «Hay posibilidades», puede pensar una mujer. Si no es así, pregúntale a una compañera de compras que parezca simpática si sabe cómo se usa. Apreciará tu gesto y, como mínimo, te llevarás a casa unas rebanadas de pan fresco.

¿Y si te dice que no cocina? Deja la solicitud de ayuda aparte, coge carrerilla y pregúntale si te acompañaría a la cafetería. Es muy posible que ambos estéis hambrientos.

27

Que brote
una nueva relación

En primavera, los pensamientos de los solteros se centran en... modos más frescos de ligar. Aquí hay algunos que quizás no hayas puesto en práctica.

- Ofrécete para llevar a cabo la organización del equipo de baloncesto de tu empresa. Tendrás acceso al número de teléfono de todos los jugadores, e incluso cada entreno o partido cancelado te facilitará una excusa para llamar. Simplemente no te conviertas en el George Steinbrenner del campo de juego. Tanto ligar como el baloncesto son juegos, y ganarás en ambos si mantienes un espíritu deportivo y no competitivo.

- Párate a oler las flores. Sal al parque o al jardín botánico, y prométete que como mínimo harás que florezcan tres conversaciones. O, mejor incluso, planta muchas flores frente a tu casa o apartamento tan cerca de la calle como sea posible, ya que las flores son maravillosas ayudas para ligar. Sal y repártelas. Posibilitará que cualquiera en el vecindario pueda llegar a conocerte. O coge una para una admiradora afortunada y conseguirás que ese día se sienta feliz.

- Usa las lluvias de abril para regar los romances de mayo. Una de las historias más encantadoras que me han contado me la relató Ashley, una joven directora de personal que podía recordar las fechas de pago de todos los miembros de la plantilla pero que era incapaz de acordarse de coger un paraguas. Un día, después del trabajo, Ashley y un hombre joven coincidieron en una esquina justo cuando empezaba a llover. Sin saber qué hacer (no disponía de sombrero ni se veía cerca una tienda donde poder comprar un paraguas), Ashley se giró hacia el hombre joven y le dijo: «¡No llevo paraguas!». «No hay problema», respondió el hombre mientras sacaba un periódico de su maletín. Al principio, Ashley pensó que el hombre le iba a ofrecer el periódico para que se cubriera la cabeza. En lugar de eso, dobló dos hojas del diario hasta convertirlas en dos sombreros de papel, se puso uno sobre su cabeza y el otro en la de Ashley. ¿Se mantuvieron secos los sombreros? No, en absoluto. ¿Estaban ridículos Ashley y su amigo? Por supuesto. ¿Les importaba? Sólo les importaba divertirse. Ashley y John se casaron un año después. Y, como hecho a propósito, llovía el día de su boda.

¿La moraleja de esta historia? Nunca llueve, diluvia. Consigue que las condiciones meteorológicas estén a tu favor.

28

Cómo un ligón astuto se desliza hacia una jornada de béisbol

Eric, un ligón establecido en Boston que conocí en un avión, ha tenido mucho éxito con la estrategia que él denomina «jornada inaugural».

Una semana o dos antes del día que se celebra el primer partido de la temporada, Eric empieza a patrullar el puesto de perritos calientes que hay frente al edificio de sus oficinas. Cuando se fija en una mujer que encuentra atractiva, empieza una conversación más o menos así: «Estos perritos calientes están buenos, pero no se pueden ni comparar a los de Fenway Franks, ¿no crees?».

Tanto si la mujer está de acuerdo como si nunca ha probado los perritos calientes de Fenway Franks, Eric ya tiene la respuesta preparada.

«¿Nunca has probado un Fenway Franks?» (o bien: «¿Tú también te los comes en las gradas?»). «Entonces hoy es tu día de suerte. Mi departamento ha comprado unas localidades en Fenway Park. Puedo conseguir algunas entradas para la jornada inaugural. ¿Por qué no invitas a una amiga y venís juntas? Ésta es mi tarjeta. Trabajo justo aquí al lado. Llámame si te interesa, ¿vale? Te lo juro, será increíble comer allí.»

La estrategia de Eric puede parecer demasiado atrevida hasta que se examina con detenimiento. Eric trabaja en una importante compañía de seguros cuyas oficinas ocupan todo un edificio. Sabe que probablemente cualquier mujer joven con quien se cruce fuera trabajará para la misma compañía. La conexión profesional («mi departamento ha comprado unas entradas») es algo en lo que ella puede confiar. Y puesto que Eric ha dado a su nueva amistad la posibilidad de venir con una amiga, ésta sabe que no se abalanzará sobre ella una vez que haya llegado al aparcamiento. Resumiendo: Eric puede que no le esté haciendo muy buena publicidad al vendedor de perritos calientes, pero es el precio que hay que pagar para conseguir una primera cita.

29

Uno de los mejores arranques de charla para cualquier situación

Mi amigo Richard se fue al teatro para empaparse de cultura. Cuando se acabó la sesión, también aprendió las lecciones de una de las mejores iniciadoras de conversaciones de todos los tiempos.

Richard estaba paseándose durante el intermedio cuando se dio cuenta de que una mujer en la misma sala estaba mirando a un caballero de unos cuarenta y tantos que estaba en la barra. Al principio, parecía que la mujer estaba estudiando al hombre desde lejos, como si mantuviera en todo momento una distancia de seguridad. Pero justo cuando Richard imaginaba que nunca se acercaría a él, la mujer hizo su movimiento. Caminó hacia el lado del extraño, le obsequió con una de sus más encantadoras sonrisas y dijo: «Me parece que hay una buena historia tras ese anillo que llevas». Puesto que hay una historia detrás de casi todo lo que llevamos, los dos empezaron a hablar y no volvieron a sus asientos hasta que las luces se apagaron.

¿Debería Richard haber estado ligando en lugar de dejar pasar la tarde? Quizá. Pero desde ese día, siempre le ha resultado exitoso usar el «me parece que hay una buena historia tras ese…» para empezar conversaciones con una amplia diversidad de personas, incluyendo una colaboradora de un libro sobre experiencias extracorporales (tuvo un sueño que parecía «extremadamente real»), una mujer con la gorra de un derby (la ganó en un juego de dardos en un bar de Boston) y otra con un cachorro de Shar Pei (cuya dueña era una mujer que quería tener una mascota que fuera más fea que ella).

Inténtalo, pero sólo cuando dispongas de mucho tiempo para hablar.

30

Cuatro buenas razones por las que tu «ex» es un mal tema de conversación

1. Un amante que besa y habla al mismo tiempo no resulta tan agradable de besar.

2. Dale a tu compañero de conversación una diatriba sobre cuán agónicos fueron los cuatro meses antes de la ruptura y acabará pensando que el problema era tuyo.

3. Un ex que no puede dejar de hablar de una relación amorosa anterior parece un ex que no ha superado una relación anterior.

4. ¿Recuerdas a esa gran familia, caótica, que tu ex no paraba de criticar, hasta al que se mordía las uñas por lo más trivial? Tu nuevo amigo puede ser uno de ellos.

31

Cómo evitar los momentos embarazosos cuando ligas

Aprende a reírte de ti mismo

Eran las 7:45 de la mañana del sábado en el supermercado y supe que estaría allí... Ella siempre estaba allí, como un reloj, llenando su carro de la compra con los productos que compraría una mujer soltera: verduras, yogur y zumo de naranja (los alimentos frescos que puedes encontrar en la sección de perecederos). La había estado observando durante un mes, y la semana pasada no pude resistirlo más. Decidí hablarle. Pagué mi compra, puse mi comida en el maletero de mi coche y me coloqué cerca de la puerta... en un lugar en que normalmente hay un vendedor de *La Farola*.

No tardó mucho en salir; llevaba una bolsa en cada mano. Justo cuando iba a decir algo, me miró, sonrió y dijo: «Hoy no me ha sobrado cambio, pero te prometo

que te lo daré la semana que viene, ¿de acuerdo?».
Asentí estúpidamente con la cabeza y lo único que pude
hacer fue volver avergonzado al coche.

Lección: Siento decirte que perdiste el negocio del día:
¡pudiste convertir una situación violenta en una oportunidad! ¿Qué crees que habría pasado si te hubieras
reído de lo que en realidad era una situación divertida,
humana, y hubieras compartido la broma con la mujer
que admirabas? Por supuesto, se hubiera sorprendido al
saber que en lugar de recibir un poco de compasión,
esperabas que te diera su número de teléfono. Pero
incluso se habría impresionado por tu habilidad para
reírte de tu propia vulnerabilidad, y esto le habría posi-
bilitado sentirse más relajada en tu compañía. El humor
es una comodidad que escasea. Úsalo para superar tus
tropiezos, y convence a los demás de que no hay nada
malo en cometer errores.

32

¿Eres un ligón que se bloquea a sí mismo?

Estás en un club nocturno. Al otro lado de la pista de baile, ves a un hombre o a una mujer elegantemente vestido o vestida. Parece que no tiene compañía, y se balancea ligeramente al compás de la música. Tú:

1. Piensas en pedirle para bailar, pero decides que no vale la pena. La gente atractiva busca gente atractiva.

2. No haces nada. Esto quizá no te lleve a ninguna parte, pero seguro que te causa menos estrés que caminar a través de una pista de baile abarrotada, preguntarle a un completo desconocido si quiere bailar y arriesgarte a que te rechace en medio de una numerosa audiencia.

3. Pides otra bebida. Este hombre o esta mujer seguramente sabe bailar... y tú no eres ningún Nureyev.

4. Ni siquiera piensas en ello. Las relaciones que empiezan en lugares así no acostumbran a ser sólidas.

La buena noticia es que no te rechazarán, tomes la opción que tomes. La mala noticia es que no pueden rechazarte porque eso ya lo has hecho tú por ellos.

Las decepciones o los rechazos forman parte de la vida, pero no son una excusa para convertir tu vida en la encarnación de la negatividad. Los consejos y técnicas de las páginas siguientes te ayudarán –a ti y a otros innumerables ligones «con decisión en un primer momento, pero tímidos luego»– a mantener alejado de ti el miedo a un rechazo en tu vida social.

33

Los tres mitos más destructivos sobre el rechazo

1. *El rechazo es personal.* Tu tren llega con retraso. Aunque siempre te cuesta reunir el coraje suficiente, decides invitar a esa persona del vagón tres a que te acompañe a tomar una taza de té. Ella tarda tres segundos en responderte que no. ¿Fueron tus modales? No, si fuiste educado. ¿Tu personalidad? Ella no te conoce. ¿Tu aspecto? Pareces una persona que acaba de salir de trabajar, no un ladrón. Entonces, ¿por qué te rechazó? ¡Puede haber miles de razones distintas! Puede estar muy intrigada en cómo continúa el libro que está leyendo, puede temer no oír el anuncio de la llegada del próximo tren, puede estar cansada, puede estar casada, puede ser desconfiada habitualmente con los extraños, sensible a la teína o, simplemente, puede estar recuperándose del peor día de trabajo de su vida. Sea cual sea el motivo, recuerda que ella no

te rechazó a ti. Todo lo que rechazó fue una taza de té, y tomarse eso como algo personal es un grave error.

2. *A la gente la rechazan porque hay algo en ellos que no va bien.* Mujeres y hombres atractivos y vitales son rechazados cada día, y no porque haya algo que no esté bien en ellos, sino por culpa de los prejuicios de la otra persona. Si se aparta de ti porque le recuerdas a su madrastra de treinta y tres años, es su problema, no el tuyo. Y si deja pasar una oportunidad de entablar una conversación, simplemente excúsate y ve a terrenos más fértiles. Sus razones para ignorarte pueden decir más sobre sus problemas que sobre los tuyos.

3. *Rechazar es como herir a alguien.* ¿Estás bromeando? ¡El rechazo es un favor! Cierto, los rechazos duelen, pero te evitan la agonía de pasar un solo segundo más en la dudosa compañía del Sr./Sra. Equivocado/a. Y te ofrecen la oportunidad de continuar tu vida y de seguir ligando.

34

Estrategias para vencer el síndrome anticitas

Ejercicio 1: La lista negra

Seguro que hay algún rechazo en todas las vidas, pero ¿cómo puedes empezar a salir del hoyo en el que te ha dejado un rechazo cuando estás abrumado por autocríticas, sentimientos de incapacidad y pensamientos negativos? Intenta esto:

Tu mejor amigo lanza un pase y, antes de que puedas darte cuenta, ya ha marcado un tanto. Te interceptaron. En cambio, otros parecen atraer amantes sin la menor dificultad, mientras que tú no recibes nada por tus esfuerzos. ¿Bien? ¡Mal! El rechazo es una gran oportunidad para irritarse. Todos los que están irritados han sido rechazados unas cuantas veces. ¿Como quién? ¿Por qué no haces una lista? ¡Pero asegúrate de tener suficiente papel!

Tom Selleck, conocido como el detective Magnum, fue en dos ocasiones el soltero número dos en el programa de televisión *Dating Game*, y nunca consiguió ser escogido vencedor. La princesa Diana, Loni Anderson, Lee Iacocca, muchos de los maridos de Elizabeth Taylor han sido rechazados. Del mismo modo que Ivana Trump, Jeff Goldblum, Tom Arnold, el compositor André Previn e incluso el «hombre más sexy del mundo», John Kennedy Jr. ¿Te gustaría que te dieran cien pesetas por cada vez que te han rechazado? Richard Lewis, Garry Shandling, Oprah Winfrey y el chico malo de la radio, Howard Stern, han conseguido que los rechazos de los que han sido víctimas se hayan convertido en carreras muy lucrativas, y ahora se ríen de los bancos.

¿Por qué hacer una lista negra? Recuerda que, aunque percibas con el rechazo que alguien te odia, en estos momentos disfrutas de una fantástica compañía. Y que los amantes rechazados pueden volver a amar, naturalmente si lo intentan.

35

Estrategias para vencer el síndrome anticitas

Ejercicio 2: Imagina lo peor

Toda mi vida está rebosante de pensamientos positivos. Aún sería un ama de casa amargada si no hubiera aprendido a transformar mi vida cambiando mi forma de pensar. E incluso así, como le expliqué a Evan, un amigo, hay veces en las que te ayuda imaginar lo peor que podría llegar a pasar.

A Evan, los rechazos siempre le habían bloqueado durante algún tiempo. En un seminario que llevé a cabo hace poco, confesó que su miedo al rechazo había imposibilitado que una vez ligara, en esa ocasión con una mujer con quien entabló conversación brevemente en su club de tenis.

«¿Qué crees que habría sucedido si le hubieras preguntado a esa mujer si quería salir?», le interrogué.

«No lo sé», contestó él. «Algo malo.»

«No. Quiero que seas específico. ¿Qué es lo peor que te podrías imaginar?»

Evan consideró la respuesta y poco después dijo:

«Que se hubiera reído en mi cara, me hubiera señalado con el dedo y hubiera anunciado en voz alta, para que todo el mundo la oyera: "¿Podéis creerlo? ¡Este tipo tiene la poca vergüenza de pedirme que salga con él! ¡Con la cantidad de gente que hay aquí! Como si creyera que alguna vez me van a ver en público con un gusano como éste"».

«Es una escena algo embarazosa», comenté. «¿Y de qué te ríes ahora?»

«Esa chica es muy buena persona, por lo que, en realidad, esta escena no hubiera sucedido», admitió Evan.

«Pero ¿y si hubiese pasado?»

«Trabajaría mejor mi encanto... ¡y mis métodos para ligar! Ya lo dice el refrán: lo que no mata, engorda. Y aunque quizá el rechazo pudo haber acabado conmigo, no lo consiguió.»

Aunque pensar positivamente es propio del ligón confiado y emocionalmente seguro, este ejercicio de pensamientos negativos controlados puede tener un efecto muy positivo. Permitiéndote que imagines y te enfrentes a «lo peor que podría suceder», puedes aprender dos importantes lecciones: primera, que tus miedos no tienen por qué estar basados en la realidad (la chica de Evan no le habría humillado en público, y la mayoría de las solteras con quienes te encuentres tampoco lo harían), y segunda, que el rechazo –incluso el más humillante que puedas imaginar– no es algo que deba temerse tanto. Después de todo, has experimentado lo peor y has sobrevivido para contarlo. ¡Ligar sólo puede traerte beneficios!

36

Estrategias para vencer el síndrome anticitas

Ejercicio 3: Desarrolla un vocabulario «sin riesgo»

Los ligones –especialmente los que son novatos– pueden sentirse abrumados por los riesgos que comporta el hecho de ligar. Pero ¿qué es lo que arriesgas cuando te acercas a un amigo a quien no conoces realmente? No arriesgas ni tu salud ni tu vida. Lo peor que te puede suceder es que hieran tu ego, y nunca ha muerto nadie por eso. Si eres un ligón experimentado, no hay riesgo de que te lleves una decepción. Recuerda: ligar es el arte de relacionarse sin intenciones serias; si no esperas nada de un encuentro, no pierdes absolutamente nada. De hecho, lo peor que puedes perder mientras intentas conversar con un extraño es un poco de tu tiempo, el mismo que pierdes mientras tomas la decisión de escoger una cola en el supermercado.

La palabra *riesgo* hace que pienses en pérdidas, inseguridad, dolor, incertidumbre y peligro. Asociar estas terribles consecuencias con el saludable proceso de ligar puede impedir que hagas lo que desees, que lleves a cabo lo que debas o que disfrutes todo lo que puedas de tu vida social. Si eres un ligón obsesionado con el rechazo, haz un esfuerzo consciente por eliminar riesgo de tu vocabulario. En lugar de decirte a ti mismo «Me gustaría hablar con ese atractivo extraño, pero eso sería arriesgarme», utiliza algo más optimista, más positivo. Repítete a ti mismo que iniciar una conversación podría ser «un interesante entretenimiento», «una gran oportunidad» o «un buen intercambio».

Los pensamientos negativos conducen a acciones negativas. Al proporcionarle a tu voz interior una frase positiva alternativa, modificarás tu percepción de la situación y minimizarás del mismo modo el mayor riesgo para tu felicidad: el de no ligar en absoluto.

37

Consejos que curan la tristeza veraniega

Tomar el sol es perjudicial para la salud. Ponerse moreno es cancerígeno. Pero todavía puedes añadir algo de color a tu vida y divertirte un poco atrayendo y conociendo hombres y mujeres nuevos dondequiera que vayas. He aquí cómo:

- Haz volar una cometa. Las cometas forman parte de los sueños de volar que tiene todo el mundo, así que ve a buscar un buen copiloto y pregúntale decididamente si le gustaría volar. ¡Nunca se sabe lo que puede surgir!

- Ve a la playa... pero no te quedes tirado en la arena. Aprende a hacer surf, moldea una escultura de arena o recoge algunas conchas, pero no empieces a jugar con la pelota o el disco volador. Todo lo que lograrás es molestar a la gente que está tomando el sol, y ésa no es una conducta muy susceptible de inspirar amor.

- ¿No sabes qué llevar a la barbacoa? Prueba con gambas de playa. Cocinar gambas es como hacer un test de Rorschach. Podrás saber si es habilidoso (¿un pincho con dos púas? ¡Quiere dos gambas a la vez!) o ardiente (su gamba está tostada por fuera pero deliciosamente hecha por dentro), si es meticuloso (gambas tostadas uniformemente) o un patoso encantador (tirar tres al fuego le ha delatado). En síntesis, un dulce final para una gran fiesta.

- La oportunidad llamará una vez a la puerta, pero el señor de los helados, quince. Lleva siempre dinero.

- ¿El accesorio para ligar más loco que alguien haya usado conmigo? Un barato abanico eléctrico. Reí mucho, incluso en pleno agosto.

38

Simplemente un ligón con un helado de bola y un sueño

Mi amigo Norm y yo estábamos de acuerdo en que ninguno de los dos necesitaba nada más, especialmente trastos viejos de otros, hasta que vio en una venta de objetos antiguos una antigua mantequera para hacer helados con una manivela oxidada. Al cabo de un minuto, ya la estábamos llevando a su apartamento mientras imaginábamos qué provecho podíamos sacar de un objeto como ése.

¿Qué hace Norm con la mantequera? La usa como accesorio para ligar y, por cierto, de un modo muy eficaz. A los diez minutos de haber llegado a una fiesta, Norm ya le había pedido a un grupo escogido de chicas que picara hielo con unas mazas para que pudiera ponerlo dentro de un cubo. Tras una hora de proceso, había conocido a todos los invitados porque todos habían tenido que dar a la manivela por turnos.

Y lo mejor del caso es que su mantequera le era francamente útil para poder acceder a una chica que le resultaba muy especial. Verás, cuando el helado se solidifica, es bastante difícil girar la manivela, a no ser que se haya puesto un peso sobre el artilugio. Norm le pidió a una mujer que se sentara encima mientras hacía el helado. Ella accedió, el helado salió fenomenal y el resto ya es historia.

¿Qué hace que la mantequera para hacer helados de Norm sea un complemento tan bueno para ligar? Anima a la gente a que se centre en algo que no sea la conversación y a que se muestre a sí misma, igual que los niños, a través del juego. Mi esperanza es que Norm me dé la mantequera. Entonces podré tener mis postres.

39

Cómo organizar tus propios fuegos artificiales en las verbenas

- Si las bengalas son legales donde vives (¡no te recomiendo que te vayas a ligar a la cárcel!), lleva suficientes a la fiesta para que todos disfruten de ellas. Despiertan al niño que hay en todos nosotros (¿quién podrá olvidar tu nombre una vez que lo hayas escrito con luces en aire?).

- Incluso si no fumas, procura ser el que lleva cerillas a la fiesta.

- Si estás contribuyendo a la barbacoa con algún manjar, lleva algo que puedas repartir tú mismo. ¿Qué mejor modo de observar todos los platos disponibles?

40

Estar en forma en el gimnasio

- Los solteros que quieren estar en una buena forma física invierten mucho tiempo y esfuerzo en hacer ejercicio, y les gusta que los demás perciban los resultados que han obtenido. ¡Los cumplidos te llevarán a donde quieras!

- Tu deportista favorito puede tener un torso que parece esculpido en mármol, pero eso no significa que sus sentimientos sean de acero. No seas muy personal con tus comentarios. En lugar de soltar un «¡eh, bonito culo!», suaviza tu acercamiento pidiendo consejo. Di algo como: «Me gustaría que mis muslos estuvieran más marcados. ¿Qué técnica me sugieres?». El Sr./Sra. Olimpia verá que eres capaz de apreciar un cuerpo atlético, mientras tú añadirás uno o dos trucos a tu historial de ligón verdaderamente preparado.

- Sé educado y espera tu turno. No monopolices las máquinas. Además, baja siempre el nivel al mínimo después de usarlas. Los miembros del gimnasio saben el nombre del mejor en el aparato de *steps,* pero no precisamente porque sea el más popular.

- Y, sobre todo, no te abstraigas tanto en tus ejercicios que seas incapaz de darte cuenta de quién está intentando ligar *contigo*. Nunca te relacionarás con nadie si te pones a leer un libro cada vez que subes a la bicicleta estática. Y sobre ese *walkman*... ¿qué preferirías oír, una reina de la música *dance* que te exhorta a «trabajar ese cuerpo» o los ánimos reales de un compañero de gimnasio? Piensa en ello.

Cómo evitar los momentos embarazosos al ligar

Cuándo no usar un libro

«*Había estado trabajando para una firma de diseño de interiores durante unos cuantos años cuando decidí que había aprendido lo suficiente como para montar un negocio por mi cuenta. Estaba caminando hacia mi casa cargada con un catálogo de papeles pintados para pared cuando le vi.*

Era el tipo de hombre por el que siempre me había sentido atraída: lo suficientemente alto como para llegar a una moldura de corona sin una escalera y, además, con el pelo castaño, que va bien con todo. Pensé en decirle algo, pero parecía preocupado, como si no estuviera de humor para entablar ninguna conversación. Así que, en lugar de dejar pasar la oportunidad, hice lo único que se me ocurrió en tan poco tiempo: dejé caer el muestrario justo en medio de su camino y esperé a que él me ayudara a recogerlo.

Bien, pues creo que realmente estaba preocupado, porque tropezó con los libros del muestrario y se hizo daño en una rodilla. Sí, me ayudó a recogerlos, muy bien, pero todo el tiempo estuvo murmurando algo sobre el final perfecto para un día jodidamente perfecto. No tuve la oportunidad de darle ni una tarjeta de visita.»

Lección: muchos solteros me dijeron que mi primer libro, *Cómo atraer a cualquiera, en cualquier momento y en cualquier lugar*, les transmitió la sensación de que ellos eran capaces de controlar el proceso del flirteo. Lamentablemente, los libros pesados –y el tiempo de reacción de un hombre– no pueden controlarse. La próxima vez simplemente dirígete a él y dile algo. El amor algunas veces puede herir, pero ligar nunca debería ser doloroso.

42

Métodos calientes para que se enamoren de ti en otoño

- Amontona las hojas muertas de tu jardín (para tener un éxito seguro, amontona también las del suyo) e invítala a que coja una.

- *Calienta* a tus nuevos conocidos. Mi amiga Marisa, que hace poco se mudó a Nueva York desde Florida, fue a ver el desfile del Día de Acción de Gracias. Dos horas después, sin embargo, ya tenía la piel prácticamente morada por el frío. Marisa estuvo a punto de levantarse e irse a buscar una taza de café cuando un hombre sentado cerca se aproximó a ella y le dijo: «Perdóneme, pero parece tener mucho frío. ¿Le gustaría que le dejara un "asiento caliente"?». Mi amiga le respondió que no en un primer momento, hasta que el hombre le explicó que un «asiento caliente» era un cojín que generaba calor. Al cabo de poco rato, ella aceptó su oferta y una invitación para comer juntos la semana siguiente. Aunque la relación no prosperó, Marisa aprendió algo de esta experiencia: se compró un par de asientos calientes, gracias a los cuales podría atraer a cualquiera, en cualquier momento ¡y en cualquier condición climática! ¿La lección? Lleva una manta de más o termos con chocolate caliente y algunos vasos suplementarios a ese partido de fútbol. No dejes de lado tus habilidades como ligón –ni a esa persona especial– cuando haga frío.

- Sigue el ejemplo de los ligones más naturales del mundo –los niños– y vuelve a la escuela en septiembre. Pero no te enfrentes solo a los libros: organiza un grupo de estudio con unos pocos compañeros de clase o únete a un proyecto en grupo. Es una de las mejores maneras de conocer mejor a ese estudiante tan especial.

43

Cuatro métodos para ser un ligón sin miedo en Halloween

- El equipo de ejecutivos con cartera que aparece cada año en el desfile de Halloween de Greenwich Village tenía sin saberlo entre sus filas a una ligona a quien se le ocurrió una gran idea: asistió a una fiesta vestida de ejecutiva de alto nivel (incluso llevaba una botella etiquetada como *Prozac* en su cartera) y entregaba su tarjeta a todos los hombres que iba conociendo.

- Aquí va uno para la gente de Martha Stewart: escribe tu número de teléfono en los papeles de los caramelos y luego envuélvelos de nuevo. Dáselos a todos los que te pidan un «caramelo o susto».

- Para que todo el mundo desee tocar tu disfraz, lleva uno que sea interactivo. Frank, un hombre que asistió a un seminario que impartí, usó la caja de una vieja nevera para convertirse en paquete. ¡Las mujeres hambrientas abrieron y cerraron la tapa durante toda la noche! (Por supuesto, en él había cosas buenas para ofrecerles.) Un beneficio añadido: es imposible sentarse cuando vas dentro de una caja de cartón de dos metros, por lo que Frank no tuvo otra elección que relacionarse con mucha gente.

- Cualquier disfraz que lleves puede resultar increíblemente liberador cuando vayas a ligar, porque te desinhibe temporalmente y te permite *ser* otra persona. ¿Qué mujer no se rendiría (como mínimo su número de teléfono) a un valiente pirata o a un cupido de grandes alas? ¿Qué hombre podría resistirse a salvar a María Antonieta o a ser cazado por Elvira? Escoge tu disfraz pensando también en cómo lo usarás para ligar (ni curas ni monjas, por favor, y… ¡las personas en perspectiva querrán saber si *no* estás realmente cubierto de verrugas, babas o sangre!). Por cierto, permanece siempre en tu papel.

44

Maneras de saber si no estás pasado de moda

1. «¿Qué hace un/a chico/a como tú en un lugar como éste?»: años cincuenta.

2. «¿Cuál es tu signo del zodíaco?»: años sesenta.

3. «No podría explicártelo, pero hay algo en ti de hombre de poliéster que saca lo que hay de Gloria Gaynor en mí»: años setenta.

4. «Vayamos a un lugar más íntimo y susurrémonos al oído intercambios comerciales»: años ochenta.

5. «¿Tu condón o el mío?»: años noventa.

45

Cinco métodos que un ligón con la autoestima alta no usaría jamás

1. «Me encantan tus pendientes. De hecho, me gustaría verlos en la cabecera de mi cama esta noche.»

2. «No veo a nadie por aquí que no necesite un buen polvo. Odio a estos niñatos, ¿no te pasa a ti lo mismo?»

3. «Ya es hora de lavar la ropa. ¿Me ayudarías con mis calzoncillos?»

4. «Me gusta bailar con un/a hombre/mujer con algo de carne sobre sus huesos. ¿Tienes algo a lo que yo pueda agarrarme?»

5. «Es tarde. Tú dirás.»

46

Ejercicio:
El test del sonido

Dale a un buen amigo una cinta de casete y pídele que grabe tu voz –eso sí, sin avisarte– durante una de vuestras conversaciones. Luego escúchala para encontrar las claves de cómo tu voz o tu pronunciación pueden influir en tu manera de ligar.

¿Hablas con un tono monótono? Los investigadores han descubierto que las personas que usan siempre el mismo tono de voz acaban resultando aburridos. ¿Tiene tu voz un toque nasal? Quienes te eschuchen no te considerarán una amenaza, pero pueden pensar que tu voz resulta molesta y quizá dejen de estar por ti. ¿Hablas fuerte y rápido, como si fueras, por ejemplo, un vendedor de la televisión? Entonces no te sorprendas si quien te escucha sospecha que pretendes venderle un enorme lote de productos. ¿Y si eres una mujer que usa un tono susurrante y sensual? Puede que agrade a algunos hombres durante un determinado tiempo, pero la verdad es que la mayoría prefiere las voces poco forzadas y más claras, puesto que piensan que son más naturales, de confianza, competentes e inteligentes.

Cómo evitar momentos
embarazosos: los cumplidos

«Después de mi divorcio, durante casi dos años evité todo tipo de relaciones sociales. La semana pasada me armé de valor y fui a una reunión organizada por una asociación de padres solteros. Hubo un poco de contacto en-tre los asistentes antes de que empezaran los discursos. Me presentaron a Gina, una apacible y atractiva mujer que asistía también por primera vez. Como se trataba de un grupo de padres, le pregunté la edad de sus hijos. Me respondió que tenía una hija de quince.

"¡Quince!", repetí suficientemente alto como para que me oyeran los demás asistentes. "¡Debiste de haber sido madre muy joven!"

"De hecho, tuve a mi hija cuando todavía era una adolescente", contestó con suavidad.

Después de eso, Gina se sentó en una silla cerca de la pared donde los miembros de la asociación discutían sobre los cuidados a los hijos. Me dí cuenta de que la había delatado, y a mí también, por lo que no volví nunca. Y dudo que Gina lo hiciera.»

Lección: la religión y la política no son los únicos temas espinosos que se pueden sacar en una conversación. La edad es real y las preguntas que obliguen a una mujer a revelarla nunca son bienvenidas.

Aunque tu comentario pretendiera ser un cumplido, traspasó la barrera de la edad. Además, sacó un tema quizá todavía más delicado: la historia sexual de Gina.

Como ya sabrás, los cumplidos que se hacen a un extraño son una proposición incierta. Es mejor dirigirte a un nuevo amigo con preguntas de respuesta abierta y dejar que la conversación se prolongue (evitas, además, meter la pata). En este caso, podrías haberte centrado en tus sentimientos y haber dicho algo honesto como: «No he salido de casa desde mi divorcio. Estás viendo un pastel sin su guinda». Gina probablemente se habría sentido encantada, pues las mujeres adoran a los hombres que comparten sus sentimientos.

48

La adulación que lleva a alguna parte

Lección 1: Sé realista

«¿Es esto tu pelo o es que alguien esculpió un ángel?»
«En mi agencia de viajes me dijeron que nunca experimentaría nada más hermoso, más profundo y más cálido que el Caribe. Ahora que he visto tus ojos, cancelaré mi reserva de avión.»

Los piropos exagerados o que resulten poco sinceros son una proposición dudosa. Muchos solteros usan adulaciones embarazosas o incluso sospechosas. Y debido a que no hay modo de responder a un piropo exagerado si no es balbuceando un *gracias*, este tipo de adulaciones pueden impedir que una conversación prospere.

¿Mi consejo? Sé honesto. Si sus ojos se parecen más a barrizales que a pozos de límpidas aguas, seguramente ya lo debe de saber, y si sus manos tienen un tacto más parecido al papel de lija que a los pétalos de las rosas, simplemente no se lo digas, pues sabe reconocer una escama en cuanto la ve. En otras palabras, si no encuentras nada hermoso que decirle, no le digas nada hermoso. Ya habrá posibilidades de que descubras una cualidad única que puedas apreciar sobre tu nuevo amigo cuando le conozcas mejor, lo que nos lleva a la lección 2...

49

La adulación
que lleva a alguna parte
Lección 2: Personalizar el piropo

A todos nos gusta que nos aprecien por nuestra individualidad (¿a quién no le gustaría ser uno entre un millón en lugar de uno en un grupo?). Así que ¿por qué no centrarte en esta necesidad de reconocimiento y le dices algo hermoso que no *pudieras* decir a cualquiera?

Si, por ejemplo, él te confiesa que es un fanático del patinaje sobre hielo, coméntale: «Debería haberlo imaginado. Eres un bailarín tan ágil...». Si es una voluntaria de Médicos sin Fronteras, dile lo agradable que es conocer a una mujer que no tiene miedo a romperse las uñas. Piénsalo dos veces antes de decir: «¿De verdad? ¡Estoy seguro de que no te cuesta mucho encontrar novio!». Las mujeres acostumbran a ser bastante sensibles a los comentarios sobre sexo.

50

La adulación que lleva a alguna parte

Lección 3: Piropea sobre aquello que el dinero no puede comprar

O sea, no adules lo que lleva puesto una persona; reserva tus comentarios para hablar de cómo lo lleva puesto. Seguro que va muy elegante con su chaqueta al estilo Dior (¿no tendría mejor aspecto una mona vestida con un jersey de lana virgen tejido a mano aunque mona se quedara?), pero esos comentarios no juegan a favor del buen gusto. Esa chaqueta puede ser un regalo de alguien simplemente porque no podía soportar verla con su jersey favorito (¡quizá incluso lo odia!). Y ten cuidado con los comentarios sobre sus joyas o su reloj, ya que puede pensar que estás más interesado en su potencial económico que en el de otros aspectos más significativos. La realidad es que alguien con acceso a una tarjeta de crédito sin límite (no necesariamente la suya) puede comprarse una sofisticada pieza de joyería o una corbata de lo más elegante. Obtendrás mejores resultados si comentas cómo un accesorio realza su sonrisa o hace juego con el color de sus ojos.

51

La adulación que lleva a alguna parte

Lección 4: No mires debajo de su cinturón

¡O en cualquier zona cercana! A ninguna mujer que haya tomado rayos UVA le gusta saber que has hecho un inventario de sus pechos, caderas, cintura, muslos o de cualquier otra parte de su cuerpo que esté entre el cuello y los tobillos. Y ningún hombre quiere oír realmente que lo primero en que te fijaste de él fue la zona de su cuerpo que viste cuando abandonó la habitación en la que estabais.

Para andar sobre seguro con los hombres y mujeres que conozcas, restringe tus cumplidos a lo que hay por encima del cuello. Recuerda que a todo el mundo le gusta el sexo, pero nadie quiere ser un objeto sexual.

52

El método más usado en 1996

«Perdone, señorita, ¿podría prestarme una moneda? Es una emergencia.»

«Por supuesto que sí... pero ¿cuál es la emergencia?»

«Le prometí a mi madre que la llamaría en cuanto me enamorara de verdad.»

53

Lo que promete ser el método más estúpido del año 2000

En el bar un hombre moja su dedo en su copa, lo seca en la blusa de su acompañante y le pregunta: «¿Por qué no me propones que vayamos a tu casa para que puedas cambiarte las ropas húmedas?».

54

Tres razones por las que los perros son los mejores amigos de los ligones

1. Los perros comprenden que los ligones necesitan pasear. Por esta razón, harán todo lo necesario (incluso sobre tu moqueta si ello fuera preciso) para que los saques de casa.

2. Los perros hacen cosas divertidas y espontáneas –algunas veces incluso entre las piernas de los demás– que ayudan a sus dueños a entablar conversaciones divertidas y espontáneas que de otra forma nunca se podrían haber iniciado.

3. Los perros son ligones naturales e inspiran a sus dueños. De una manera que los diferencia de todas las especies inferiores, captan de forma intuitiva los mensajes

no verbales, nunca monopolizan una conversación, no se toman el rechazo de un modo personal, pueden distinguir a un *pelota* en cuanto lo ven y no tienen miedo de meter sus narices donde sea si eso les facilita algún tipo de sintonización con los demás.

55

Un breve manual sobre el flirteo políticamente correcto

«Gente guapa, / siempre habrá alguien con el mismo botón que vosotros / y también será gente guapa». Melanie, una cantante de folk, grabó esta canción hace aproximadamente treinta años. Aunque el significado de *guapa* se ha acotado en las últimas tres décadas, el mensaje sigue siendo válido. La gente que comparte nuestras opiniones y nuestros proyectos *nos resultan* atractiva, en primer lugar, porque compartimos algo en la base de nuestra personalidad, pero, sobre todo, porque los valores que reconocemos en estas personas reflejan aquellos que apreciamos en nosotros mismos. Ser un ligón consciente puede beneficiarte a ti y también a los demás, aunque sólo si haces que quienes piensen como tú se den cuenta de que existes:

1. Anunciándote. Conozco un ligón que no va a ningún lugar sin un mensaje en una chapa colgada de su solapa. Las de partidos políticos son complementos muy buenos para ligar porque muestran algo de ti y siempre provocan comentarios. ¿Te preocupa que tu botón llegue a auyentar a una parte del electorado? No debería. La oposición tiene tantas ganas de discutir como tú. Simplemente mantén una conversación ligera y seguro que ganarás puntos, tanto política como personalmente.

2. Llevando a la carretera las causas a las que eres sensible. ¡Algunas veces creo que una pegatina en la parte trasera del coche atrae más la atención que un stop o un ceda el paso! Tommy, un amigo mío retirado, está totalmente de acuerdo conmigo. Le ha seguido gente a las estaciones de servicio atraídos por la pegatina de «Niño roto a bordo» que lleva adherida en la ventana de atrás de su cohe. No pegues una que diga «Pita si estás en contra de los abrigos de pieles», pues tu mensaje puede generar un bocinazo o un saludo con la mano, pero no te conducirá más lejos.

56

Por qué en una fiesta es mejor hablar con todos aunque no sean tu tipo

- Porque repartir un poco de encanto en una habitación llena de gente es como lanzar piedras en un lago: produce un efecto similar a las ondas de agua. Realmente no importa si te has fijado en una persona determinada. Todos los de la sala observan a la gente abierta y amable que mantiene conversaciones animadas y persuasivas. Estate unos minutos hablando con cualquiera que se cruce en tu camino y hazle sentir especial, ya que así otros acudirán para ver qué tienes tú de especial.

- Es un buen modo de practicar. ¿Y qué pasa con ese chico que sólo interviene en la conversación con monosílabos y que no resistiría una cita con una chica?

No le rechaces. Practica tus dotes para ligar con él y estarás preparada para cualquier otro encuentro.

- Es una oportunidad para establecer contactos. Conozco a más de una ligona que compartió unas risas con alguien con quien había pocas posibilidades de cuajar una relación y acabó con un buen trabajo, una anécdota que contar o un buen amigo. Y los amigos tienen otros amigos que pueden aproximarse más a tu tipo.

- Podrías aprender algo interesante (por ejemplo, de un cantante del coro de Madonna) o útil (como la habilidad de la buena anfitriona para esconder las horas de preparativos que ha necesitado).

- ¡Porque esa persona aparentemente tan poco especial puede acabar siendo el amor de tu vida! ¿Cuántas parejas conoces tú que no se podían soportar la primera vez que se vieron?

57

Arreglos rápidos: cómo mezclarte con los invitados sin permanecer perpetuamente soltero

«Sé que debería hablar con tanta gente como fuera posible en los eventos sociales a los que asisto, en lugar de pasarme todo el rato hablando con cada candidato a ligue. Pero ¿y si una persona a la que encuentro atractiva cree que no estoy interesado en ella si voy a hablar con otro invitado?»

Lo sabes perfectamente. Incluso si la primera persona a la que conoció parecía perfecta en su traje de Armani y hablaba como si fuera Constantino Romero, un maestro del flirteo continuará inspeccionando el resto de la habitación. ¿Por qué? Pues simplemente porque sabe que se encontrará con muchas otras ranas antes de encontrar a alguien con quien compartir su hoja de nenúfar. Y hablar durante horas con un extraño espectacular y luego averiguar que está casado, que por el momento ha decidido no tener citas o que, simplemente, no es su tipo, es perder una tarde inútilmente.

Sin embargo, que te hayas puesto a hablar con otra persona no significa que tengas que dejar a esa nueva amistad a un lado. Puedes decirle: «Le prometí a la anfitriona que me mezclaría un poco con la gente» o «Es una conversación muy interesante, me ha encantado saber que tienes una colección de sellos y me gustaría verla», y entonces irte. Mantén contacto visual con él mientras te presentas a los demás invitados. De vez en cuando, desvía la vista de las personas con las que estés hablando y mírale; cuando te devuelva la mirada, sonríele. Sabrá que, aunque estés ocupada en otras cosas, tus pensamientos continúan centrados en él.

Por supuesto, una idea sin ser llevada a cabo es como un Porsche sin ruedas: hace que causes una buena impresión, pero no te conduce a ninguna parte. Antes de que acabe la velada, asegúrate de cerrar el trato utilizando algunos de los consejos que encontrarás en la página 165, en el capítulo 66. Pero ¿y si no está interesado? Busca en tus bolsillos. Todavía tienes los nombres y teléfonos de otros invitados, ¿verdad?

58

¿Te están dando la mano de un modo especial?

No hay nada más mágico que el primer contacto físico entre dos personas que se atraen mutuamente. En nueve de cada diez ocasiones, este primer contacto es un apretón de manos. Aunque normalmente pensemos que dar la mano es un gesto sin apenas intimidad, puede revelar muchas cosas de la personalidad de una persona, la imagen que tiene de sí mismo y sus sentimientos hacia ti.

¿Los hombres y mujeres que conoces te están dando la mano de un modo especial? Éstas son algunas claves para interpretar lo que la gente en realidad quiere transmitirte cuando te da la mano:

El apretón firme y seguro envía el siguiente mensaje: «Soy sólido como una roca. Puedes confiar en mí». ¿Puedes confiar en él? Quizá. Este tipo de contacto se utiliza en los tratos que se establecen en el mundo de los negocios. Aunque inspira confianza, también conlleva algo de distancia profesional. Interpreta otros signos no verbales cuando te den la mano de este modo en un evento social.

El apretón alegre es el propio de los políticos. Breve, firme y siempre acompañado por una sonrisa y un determinado contacto visual, este modo de dar la mano es la marca de un hombre que actúa para una multitud. Busca a alguien que quiera un amigo y no una audiencia que le escuche.

El apretón de manos húmedas te transmite: «Puedo parecer fría como un pepino, pero soy como un tomate bajo la superficie». No permitas que se caldee el ambiente y haz que se sienta cómoda. Ha puesto literalmente su vulnerabilidad en tus manos.

El apretón rompehuesos anuncia: «No puedo derretirte mediante mi personalidad electrificante, por lo que te mostraré que soy mejor con mi apretón de manos». Pretende impresionarte desesperadamente, y si llevas anillos, seguro que lo consigue.

El apretón rígido. Si alguien te da la mano sin inclinarse hacia ti, te comunica el siguiente mensaje: «Te conoceré, pero no a medias». A no ser que estés buscando a una persona cuyo labio superior acabe más o menos en sus tobillos, busca a alguien más flexible.

«Oh, no... ¡un apretón de manos en lugar de un beso!»

59

Dar la mano para ligar

¿Recuerdas esto? Era el texto del anuncio de un aerosol para la halitosis en los años setenta. Aparentemente los apretones de manos han cambiado mucho –a mejor– en las últimas dos décadas. Tal como los asistentes a mis seminarios me han contado, un apretón de manos puede que sea mucho más estimulante, seductor y sexy que un seco «encantado de conocerte» en la mejilla... si conoces el secreto para que un apretón resulte interesante.

¿Qué puede hacerse para que el contacto de los dedos de dos personas distintas sea realmente íntimo? Dale las dos manos cuando conozcas a esa persona especial. Innumerables hombres me han dicho que ofrecen su mano a una mujer y luego la cubren con la otra, esto las hace sentir importantes, seducidas y especialmente bien recibidas. Del mismo modo, las mujeres que asisten a mis seminarios me han contado que ofrecer las dos manos resulta para ellas mucho más eficaz. Ser recibidas así les transmite que son algo más que simplemente otra conocida, se sienten seguras, protegidas y «adecuadamente cortejadas».

También puedes mantener el apretón de manos algo más de lo estrictamente necesario, estableciendo a su vez un contacto visual.

Inténtalo. Puedes encontrarte con el amor de tu vida.

60

El apretón de manos más grosero que jamás he recibido

«¿Así que crees que eres una ligona experta?», me dijo un hombre que acababa de conocer en una fiesta para los vecinos del bloque. «Bien, creo que podría enseñarte algo sobre cómo ligar.»

Sonreí tan amablemente como pude. Él me podría enseñar un par de cosas sobre enfrentamientos... pero ¿sobre ligar? Tenía mis dudas pero, sin embargo, me sentía realmente intrigada.

«¿De veras? ¿Como qué?»

«Como mi especial apretón de manos. Vamos», me instó, «dámela».

Puse mi mano sobre la suya y esperaba un apretón de manos distante. Durante un instante cogió mi mano y entonces, justo cuando empezaba a notar el calor de la suya, puso su dedo corazón entre las palmas y empezó a acariciar la mía.

Retiré mi mano más deprisa que si me la hubiera puesto en un desagüe. Su técnica especial me provocó unos escalofríos en la espina dorsal, ¡pero eran escalofríos de asco! En pocos segundos me había hecho sentir violada, sexualmente vulnerable e indescriptiblemente molesta sólo con tocar mi mano.

Si hay otros hombres que usan esta técnica, que la abandonen, por favor. No es ni seductora ni erótica, sino que resulta una técnica agresiva, intimidante, adolescente y del tipo *terminator*, ya que nada termina con una relación tan rápidamente.

61

Guía de conversación para hombres

No juzgues un libro por sus cubiertas. Puede llevar mechones azules en su pelo y hasta en su conversación, pero esta imagen parecida a Cindy Lauper puede estar escondiendo una alma tímida. Puede decirse lo mismo si viste un traje azul marino, ya que incluso los fans del grunge más duro necesitan trabajar durante el día.

Recuerda que el tono autoritario que usas en la oficina no resulta adecuado para las relaciones sociales. Tienes que ser capaz de decirle a tu secretaria que escriba una carta, pero asume un tono propio de un jefe con una nueva amiga y de seguro que pasará de ti.

No le preguntes si tiene hijos o, por lo menos, no lo hagas durante los cinco primeros minutos de vuestra conversación. Las mujeres solteras son bastante reticentes a los hombres que abandonan una conversación en el momento en que hay en su radar una señal de familia cercana. Recuerda que se trata de una conversación, no de un acuerdo de por vida.

Ríete de ti mismo. Cuando los hombres que asisten a mis seminarios me cuentan que les cuesta hablar de temas interesantes y proyectar la imagen perfecta, les hablo de Dan, un hombre que me encandiló sólo por ser descuidado. Le conocí en un cóctel donde camareros vestidos de blanco servían canapés. Dan cogió uno con mucho cuidado y lo puso en mi bebida. Después me miró con una sonrisa inocente y me preguntó: «¿Querías uno o dos terrones de azúcar?». ¡Irresistible!

62

Guía de conversación para mujeres

Evítale los detalles de tus problemas con tu ex, tus hijos o tu familia. Tus amigas pueden interesarse por tus historias de «borrachos y groseros», pero un hombre al que acabas de conocer simplemente pensará: «¿Es que no hay suficientes problemas en mi vida? ¿De veras necesito comprometerme con los suyos?».

No te intereses demasiado por lo que esté pensando. Pregúntale demasiadas veces sobre lo que piensa de la fiesta, la gente, la música o lo que acabas de decirle, y acabará pensando que eres una pesada.

No juegues duro para conseguirle. Puedes pensar que ese aspecto aburrido, ausente, con esas respuestas vagas y desinteresadas, son un buen método para ocultar tu inseguridad en los eventos sociales, pero ten cuidado, ya que hay demasiados peces en el mar como para que un hombre se dedique a perder el tiempo con uno que esté frío. Los hombres se sienten tan tensos al relacionarse socialmente como tú, así que recíbelos con un interés cálido y sincero, con entusiasmo, y de este modo no saldrás de las fiestas pensando en aquel hombre que dejaste escapar.

Destaca algo hermoso de otra persona... preferiblemente de otra mujer. Muchos hombres piensan que la diferencia entre hombres y mujeres reside en que las mujeres tienen garras y son competitivas, envidiosas, críticas y felinas. Muéstrale a tu nuevo amigo que confías lo suficiente en ti misma como para admirar el estilo de otra mujer y te verá como la persona agradable y abierta que eres.

63

Arreglos rápidos: no ser crítico es propio de críticos

«Soy un tipo de chico con consciencia social, aunque no en lo que se refiere al flirteo (la necesidad de relacionarte si eres soltero), sino en un sentido político, como un tipo de compromiso con los demás. Un día el grupo ecologista al que pertenezco se encargó de limpiar un parque local. Estábamos acabando la tarea cuando vi a una mujer joven que parecía ser de mi tipo: gafas estilo John Lennon, una chaqueta gastada de dril de algodón, que, además, se prestó voluntaria a ayudarnos. Me acerqué a ella y le di las gracias por su colaboración. Entonces, al fijarme en la bolsa que llevaba colgada del hombro, le dije: "Me gustaría que reconsideraras el hecho de vestir cuero. Los animales deberían ser valorados por sus vidas y no por sus pieles". Me miró con antipatía y contestó: "Lo tendré en cuenta... ¿o es que ese cliché también menosprecia a los osos?".»

Lección: cualquiera que tenga una conciencia social (me refiero al flirteo, claro) necesita saber que la crítica es el detonante definitivo para que una conversación finalice. Incluso si tu interlocutor está fumando, engullendo suficiente comida como para alimentar una villa esquimal entera o realizando algo que consideres dañino, no puedes esperar que agradezca tus opiniones si no te las ha pedido. ¿Por qué debería hacerlo? No conoces los detalles de su vida privada, por lo que estás opinando sobre algo de lo que no tienes ni idea. La próxima vez, guárdate tus comentarios. Podrás disfrutar en ese caso de una buena conversación.

64

Arreglos rápidos: el caso de las posibilidades que desaparecen

«La semana pasada conocí a una mujer fabulosa en una fiesta. Creí que los dos compartíamos las mismas opiniones (incluso se apuntó cuando me reí de los dibujos de cerdos en los manteles... ¡cuán íntimo es eso!), pero cuando la busqué entre la gente por si la volvía a encontrar –en ese momento la anfitriona estaba repartiendo pequeños bocadillos– descubrí que ya se había ido. Estoy convencido de que se divirtió conmigo, sé que apreció mi sentido del humor. ¿Qué sucedió?»

La lección es simple. Cuando dos personas conectan, también está conectado su miedo al rechazo. Ambos esperaban a que el otro se arriesgara a mostrar su interés pero, lamentablemente, ninguno dio el primer paso.

No es fácil dejar que alguien descubra que te gusta, especialmente cuando apenas le conoces. Como ligón principiante, sin duda te paraliza el 50 % de posibilidades de ser rechazado. Necesitas darte cuenta, sin embargo, de que el fracaso pasa a ser del 100 % en el momento en que permites que alguien con quien tendrías alguna posibilidad de ligar se vaya sin ni siquiera saber tu código postal.

Los solteros atractivos son blancos apetecibles. Si te sientes atraído por alguno, debes realizar tu movimiento antes de que desaparezca.

Para disfrutar de ventaja, te ayudarán las recomendaciones que encontrarás en la página 165: con ellas podrás entablar una conversación inteligente.

65

Cómo los ligones novatos pierden sus oportunidades

Pinchar con tu tenedor en el plato de una nueva amistad resulta un modo muy rápido de perderla. Entre las parejas estables, comer del mismo plato es un signo de intimidad y una invitación sexual, pero entre dos personas que acaban de conocerse es un signo de malos modales y una razón para que la otra persona deje de comer. Del mismo modo, ser un hipocondríaco auyenta a los que están a tu alrededor. Está demostrado que hablar de tus dolencias, sabañones y síntomas sospechosos, es perjudicial para tu éxito como ligón. Comentar tu expediente médico en una fiesta acostumbra a causar náuseas a tus nuevas amistades. No te sientas sorprendido si adviertes que te encuentras en cuarentena social.

Piensa en una conversación como en una gran oportunidad de profundizar en la amistad de tus conocidos. Tu coche, tu casa en el campo, tu reproductor estéreo o

tu colección de muebles Luis XV, pueden ser una manera de cuantificar tus logros, pero las posesiones materia-
les no te aseguran el éxito en tus relaciones con el sexo
opuesto. El encanto, la accesibilidad y un deseo sincero
de convertir a extraños en amigos fascinantes es lo que
distingue a aquellos que disfrutan de vida social de los
que no la tienen. Por lo tanto, no pregones muy alto el
tamaño de la pantalla de tu televisor o te pasarás solo
mucho tiempo frente a ella.

66

Cómo terminar una conversación cuando no quieres acabarla

«Realmente eres una persona muy divertida. Conozco un club donde actúan humoristas los miércoles por la noche y después pasan el micrófono al público para que intervenga. Me gustaría probarlo alguna vez. ¿Te apetecería venir conmigo?»

«Eres un bailarín maravilloso. ¿Has intentado alguna vez bailar tangos? Estaba pensando en ir a clases de bailes de salón y me gustaría poder ir con un compañero experimentado.»

«Tu opinión sobre este asunto es tan fascinante que me encantaría poder profundizar en ella. ¿Qué te parece si nos diéramos nuestros teléfonos?»

«He disfrutado mucho de nuestra interesante conversación. Si te parece bien, voy a darte mi tarjeta y podríamos vernos la semana que viene. Los jueves por la tarde, por ejemplo, estoy libre.»

«Trabajamos cerca el uno del otro. ¿Te gustaría quedar conmigo para comer algún día de la próxima semana? Te lo prometo: nada de cerdos en los manteles.»

67

Propósitos de Año Nuevo que me dejaron sin palabras

No hace muchos años, cuando ya casi iban a sonar las campanadas de la nochevieja, mi pareja se fue a buscar un par de copas de champán. Estaba mirando a la gente que había en la fiesta y comenzó la cuenta atrás.

Justo cuando había empezado a buscar a mi acompañante, un hombre muy atractivo con quien había compartido un par de sonrisas se me acercó por detrás y me susurró: «He oído que lo que haces en los primeros instantes del año será lo que harás durante todo el año. Si no te importa, me gustaría estar cerca de ti. Como ves, soy un amante del arte. Me encantaría pasarme todo este año admirando belleza clásica».

68

Arreglos rápidos: el ligón de golpea-y-corre

«Hace unos días, abrí mi paraguas en la esquina de una calle repleta de gente y me puse a caminar. Inmediatamente me giré hacia un hombre y le dije: "Mis amigos siempre me han dicho que no soy Mary Poppins. Creo que es a esto a lo que referían". Fue una gran frase. El hombre rió. Pero cuando el semáforo se puso en verde, los dos seguimos nuestro camino. ¿Por qué nunca mis frases acaban convirtiéndose en conversaciones?»

Lección: un ligón inteligente nunca responde a una anécdota con otra anécdota, pero haré una excepción en este caso.

Era una tarde lluviosa en Manhattan, el tipo de tarde en la que todo el mundo que espera en la calle o en las estaciones de autobús está buscando algo con lo que cubrirse la cabeza. Empapada hasta los huesos, decidí unirme a los demás. Me propuse sonreír, intentando mostrar mi cara más amable mientras alzaba el brazo. Inmediatamente, tres taxis se detuvieron y, en lugar de cogerme a mí, tres personas se montaron antes. Un hombre también mojado aunque con las ropas aún limpias que estaba junto a la esquina, se me acercó y me comentó: «Se paran para la gente rara con el pelo azul, pero ¿por qué no se detienen a recoger una sonrisa como ésta? Imagínate». Entonces desapareció en medio de la espesa niebla de la noche y me dejó que me imaginara qué habría pasado si él hubiera permanecido allí el tiempo suficiente para reaccionar ante su amable comentario.

¿La lección? No seas un ligón del tipo golpea-y-corre. Después de haber animado a alguien a hablar, detente, sonríe y dale una oportunidad de responder. O aún mejor, continúa tus comentarios ingeniosos con frases abiertas que requieran algo más que un sí o un no. Recuerda que hablar es sólo la mitad de una conversación, que el proceso sólo se completará cuando hayas implicado lo suficiente a tu interlocutor para que te devuelva la atención.

69

Técnicas escandalosas para ligar… ¡que funcionaron!

La crisis de identidad

«Hace unas semanas, experimenté un caso de identidad errónea de esos que te cambian la vida. Estaba caminando por la calle y una mujer que creí que conocía del gimnasio salió de un edificio frente a mí. Puesto que después de llamarla unas cuantas veces no se giró, usé mi mejor sonrisa de cómo-estás-vieja-amiga y me acerqué a ella para decirle: "¿Qué? ¿Soy lo bastante bueno como para que hables conmigo en la bicicleta estática y ahora no me diriges ni una palabra?". Por supuesto, no se trataba de la mujer que creía y me disculpé, pero mantuvimos una conversación tan agradable que ahora, cuando me ve, nos sonreímos y saludamos.

Aunque al final resultó que esta mujer estaba casada, el encuentro no fue un final. He usado este mismo método con dos mujeres a las que quería conocer. La primera vez fue un fracaso —nunca pares a una mujer en un aeropuerto, porque si tiene que coger un vuelo, la conversación no cuajará—, pero la segunda vez acabé pagándole un café a mi nueva vieja amiga. Descubrimos que a los dos nos gustaba el ejercicio físico, que teníamos conocidos comunes y que, al fin y al cabo, puedes tener tanto éxito en una pista de baile como en un gimnasio.»

Lección: ni siquiera el gimnasio mejor equipado podría superar la típica frase «¿No nos hemos visto antes?», ya que usar un cliché sigue siendo un buen método. También te da la oportunidad de romper el hielo con un extraño, de que un acto gracioso resulte encantador y de descubrir si compartís un interés.

Por supuesto, sorprender a alguien por detrás puede provocar un sobresalto, sobre todo si estáis en una gran ciudad. Asegúrate de estar sonriendo, deja que sepa que tus intenciones son buenas y no insistas si se pone a la defensiva. La conversación forzada, aunque sea por una buena razón, nunca da buenos resultados.

La conga hacia el olvido

Por qué las bodas no son

el lugar idóneo para ligar...

pero cómo conseguirlo de todos modos

Las recepciones de las bodas son lugares donde es difícil poder ligar, porque muchos solteros van a ellas ya acompañados de una pareja. Pero ¿están esas parejas comprometidas? Algunas sí, aunque muchas sólo son por conveniencia entre una histérica amiga de la novia y un amigo sin compromiso.

Por supuesto, no puedes ligar con la pareja de otra persona. La cantidad de champán que has bebido en copas de plástico nunca es una excusa para los malos modales. Pero puedes hacer que un banquete de boda se convierta en un bufete para ligar si estás dispuesto a seguir algunas de las siguientes reglas.

En primer lugar, si no estás comprometido, haz el primer paso y ve solo (tanto si vas a la boda de un miembro de tu familia como a la de un amigo, seguro que ya conoces a alguien allí). En segundo lugar, toma parte en la fiesta. Cuando empiecen a bailar la conga, ponte detrás de alguien que te atraiga, aunque procura evitar a cualquiera que haya aceptado un gorro de paja del cantante, ya que seguro que él o ella no se acordará de ti a la mañana siguiente. Los bailes en línea son una de las pocas oportunidades en las que una persona puede tocar a un desconocido sin invadir violentamente el espacio personal. Cuando acabe el baile, hazte accesible: no te vayas corriendo de la pista como Cenicienta; aplaude y luego empieza una conversación sobre cualquier cosa con cualquier persona que esté cerca o pregunta si tu nueva amistad viene de parte del novio o la novia. Si resulta que lo ha invitado el mismo que a ti, habla con él sobre los amigos que tengáis en común. En caso contrario, explícale por qué te han invitado. Entonces, si el nuevo amigo decide contactar contigo después, todo lo que tendrá que hacer es preguntar tu teléfono al novio o a la novia.

De todos modos, no te pelees por quedarte con la liga de la novia... sobre todo si aún la lleva puesta.

71

Cómo sacar
el mejor provecho
de una tarde en el cine

No es fácil ligar en los cines. Por un lado, deberías quedarte quieto y no molestar a los otros espectadores pero, por otro, es difícil establecer contacto visual con alguien con el resplandor vacilante de los restos de un tren en la pantalla. Pero he aquí una idea que nunca me falla.

Llega al cine con un amigo y una bolsa de palomitas cuando la mayoría de la gente esté ya sentada, justo antes de empezar la película. Siéntate entre tu amigo y un soltero interesante. Pasaos las palomitas entre tú y tu amigo unas cuantas veces... entonces, «sin darte cuenta», pasa las palomitas hacia el lado equivocado. Tanto si acepta tu oferta como si no, acabará comiendo de tu mano antes de que acabe la película.

72

Cómo tener suerte en una biblioteca pública

- Susúrrale a ese devorador de libros que está en el área de lectura: «Soy la siguiente persona en la lista de espera de este libro. ¿Son ciertas las críticas que han salido publicadas sobre él?».

- Usa la fotocopiadora como accesorio para ligar con algo fuera de lo habitual. Una mujer que conozco volvió a la universidad después de su divorcio y entabló una gran relación con un hombre en la biblioteca universitaria cuando él descubrió que estaba muy ocupada haciendo copias de fotografías de manos para un trabajo sobre la credibilidad de la quiromancia.

- También puedes hacer tus fotocopias y recoger todos los papeles, pero luego dejar el original en la máquina. Esa inteligente persona que va detrás de ti seguro que te buscará por toda la biblioteca para devolverte el libro.

- Evita la estrategia de equivocarte a posta al pedir un título al bibliotecario: suelen ser fascinantes y apasionados, pero algunas fórmulas todavía no acaban de funcionar.

73

Casarse con alguien casado

Estás flirteando con una persona que también está intentando ligar contigo. Pero ¿cómo puedes estar segura de que el objeto de tu flirteo no ha encontrado ya su pareja? Puesto que los anillos de boda pueden quitarse con facilidad, estos consejos te ayudarán a distinguir a un soltero de alguien que juega a tener una doble vida.

- Haz hincapié en su estilo de vida. ¿Tiene un monovolumen? Si es un electricista, seguramente lo usa para cargar sus herramientas, pero si es un contable lo utilizará probablemente para llevar a su mujer y a sus hijos. ¿Pasó sus últimas vacaciones en Disney World? (Tranquilízate, pues todavía puede tratarse de un padre soltero.) Pregúntale si podría recomendarte algún restaurante de cuatro tenedores cerca del Magic Kingdom. Si puede responderte, ciertamente no será porque sus hijos le hubieran pedido disfrutar de una agradable velada.

- Estate alerta con los deslices al hablar. Cuando describen lo que han hecho, los casados acostumbran a utilizar la palabra *nosotros*. Si te dice: «Colorado es maravilloso incluso a pesar de que no pudimos practicar esquí de fondo», ha llegado el momento de que cambies de tema.

- Pregúntale sin rodeos: «¿Tu esposa esquía?» o «¿Tus hijos van a una escuela privada?». No te vayas por los cerros de Úbeda: directa al grano.

- Sé consciente del precio de mentir. ¿Sabe ella algo de mantenimiento de coches o, por lo menos, el nombre del mecánico en el que confía? Si es soltera, sin duda tendría que acordarse. ¿Sabe él cuánto cuestan los productos más habituales en un supermercado o el nombre de un restaurante de precios razonables en la zona donde vive o trabaja? Si él mismo tiene que ocuparse de su alimentación, debería recordarlo.

74

Técnicas escandalosas para ligar... ¡que funcionaron!

El viaje gratuito

«*Una mañana, mientras iba conduciendo hacia mi trabajo por la autopista A-2 (famosa por sus costosos peajes) al lado de un Mercedes, se nos cruzó por la derecha un coche que estaba cambiando de carril muy rápidamente. Incapaz de soportar estas cosas en silencio, capté la atención del conductor del Mercedes –un elegante caballero– y levanté mis manos como signo de mi enfado. Él me sonrió y golpeó su tórax como si indicara que lo sucedido le había causado una arritmia. Entonces señaló la matrícula del otro coche. No imaginaba que se hubiera enfadado tanto por la conducta de ese temerario. El Mercedes era bastante nuevo.*

Continuamos por la carretera a la misma velocidad, intercambiándonos sonrisas y miradas desde la seguri-

dad de nuestros coches hasta que nos detuvimos en el mismo peaje, su coche tras el mío. Fue entonces cuando decidí hacer mi movimiento: le di un billete al encargado y le dije que pagaba el peaje de dos coches: el mío y el que estaba detras de mí. Justo antes de llegar al siguiente peaje, el Mercedes me adelantó. No sólo me informó este otro cajero de que aquel conductor me había pagado el peaje, sino que también me entregó su tarjeta. Le llamé unos días después. Espero ser la pasajera del Mercedes dentro de poco tiempo.»

Lección: todo el mundo ha escuchado alguna vez que la familiaridad alimenta el desprecio, pero el desprecio compartido también puede alimentar la familiaridad. En este caso, un conductor irresponsable me ofreció una inestimable oportunidad al ponerme en contacto con alguien que compartió conmigo la misma experiencia, lo que me posibilitó establecer una conversación no verbal. Entonces saqué lo mejor de una situación negativa manteniendo el contacto visual y realizando el primer movimiento. Así que te recomiendo que sigas conduciendo más… ¡y a toda velocidad!

75

Ligar en el carril rápido

Un coche es la extensión del espacio individual de una persona. Por ello, un ligón inteligente no entrará por la ventana abierta de un coche, del mismo modo que no se deslizaría por el escote del vestido de una desconocida. Pero es posible ganarse la simpatía de otro conductor sin necesidad de añadir multas a tu palmarés. Sólo tienes que hacer lo siguiente.

Lleva un accesorio para ligar capaz de parar el tráfico. Una mujer que conozco que viaja a menudo fuera del país anualmente, trajo del Reino Unido un divertido accesorio para ligar que se coloca en el coche: un perfil a tamaño real del príncipe Carlos especialmente diseñado para pegarse en las ventanas de los automóviles. Las manos de la figura de cartón se acercaban a su cuepo cada vez que mi amiga apretaba una válvula e incluso podía saludar con la mano. El dispositivo atrajo la curiosidad de los motoristas que pasaban por su lado, de la gente que aparcaba cerca y hasta de un soldado. (Por supuesto, los soldados tienen también sentido del humor, ¿o es que podrían llevar esos sombreros si no lo tuvieran?)

¿Atrapado en un embotellamiento? Ofrécele tu móvil a un conductor indignado pero simpático que tengas cerca de ti.

Piérdete. Pero no sólo le pidas a ese hombre atractivo que te indique una dirección: una vez que hayas encontrado el lugar, regresa y dale las gracias.

76

Ligar en la oficina

Los ligones más eficaces lo saben: uno de los mejores lugares para tener una cita, conocerse o formar una pareja es en el trabajo. ¿Dónde más podrías encontrar a alguien atractivo con quien pudieras salir y que, además, compartiera los mismos intereses que tú?

Es un hecho que innumerables parejas se han conocido en el trabajo o gracias a él. Es también un hecho que el acoso sexual existe. Me satisface decir que la delgada línea que separa el interés mutuo y la persecución sexual humillante no es tan delgada para los cinco mil ligones que han asistido a mis seminarios. Han aprendido que acercarse con buenos modales, respeto, sensibilidad y buen gusto a los hombres y a las mujeres que han conocido en el trabajo es una técnica que funciona, tanto en la oficina como fuera de ella.

Para aquellos de vosotros que no habéis asistido a mis cursos o que os preocupa la diferencia entre un comportamiento aceptable y otro reprochable dentro de una oficina, he aquí una pequeña lista de las conductas, gestos y temas que carecen de sentido en el trabajo:

- Cumplidos personales, no importa lo inocuos que nos puedan parecer. En el trabajo los cumplidos se deben centrar en la faceta profesional: a no ser que estés elogiando la inteligencia de un compañero, no hay lugar para los piropos. Limita tus comentarios a sus logros, a su eficacia o a otros asuntos estrictamente relacionados con el trabajo.

- Comentarios o preguntas sobre su vida privada. Tu confuso divorcio, con quién duerme y sus aventuras extramatrimoniales son un terreno delicado. No te adentres en él.

- Temas sexuales, indirectas y bromas. Son un tabú y punto.

- Tocarse. La palmada en la espalda que espera tu compañero no debe ser física. ¡Manos quietas!

77

Ten cuidado con las jerarquías

Cuando no se espera nada del flirteo, ligar es una actividad completamente democrática. La meta es llevar a cabo un encuentro entre dos personas de igual a igual, con los mismos riesgos y recompensas y el mismo poder para elegir. Pero ligar puede ser mucho más arriesgado, recompensarte menos y ser menos democrático si se mezcla con las relaciones jerárquicas establecidas en el departamento o en la oficina donde trabajas.

Antes de cruzar dos estamentos jerárquicos para preguntarle a ese atractivo compañero de trabajo si quiere ir a comer contigo, piensa: «¿Es un subalterno que responde directamente ante mí?». Si es así, puede sentirse tan obligado a aceptar una invitación a comer como a cumplir las tareas profesionales que le encargas, y el resultado de este desequilibrio de poder provoca que la relación simplemente no funcione. ¿Estás lo suficientemente cómodo con todas las posibles consecuencias de una relación como ésta? Mírale ahora y verás al Sr. Correcto vinculado a ti por relaciones de jerarquía, pero ¿puedes imaginarte lo que os esperara si entabláis una relación? Si no puedes soportar la idea de perder tu puesto de trabajo por mantener una relación dentro de la oficina, o no te sientes capaz de enfrentarte cada mañana a un ex dolido en la entrada del edificio donde trabajas, entonces ligar no tiene que estar en tu agenda de trabajo. ¿Tus sentimientos no son correspondidos? Entonces olvídalo. Perseguir a un compañero de trabajo que no desea corresponderte no es el indicador de un amante insistente: es acoso sexual.

La jerarquía es un tema espinoso incluso en las relaciones más equilibradas. Dentro de la oficina, puede ayudarte a subir algunos peldaños en la pirámide de poder. ¿Mi sugerencia? Los movimientos laterales no conducirán a nada bueno en tu carrera, sólo incrementarán tu reputación de ligón que trabaja duro.

78

Técnicas no verbales para ligones profesionales

El lenguaje corporal puede hablar más alto que el sistema de interfonos de una oficina. Si no quieres mostrar lo mucho que ella te atrae, entonces asegúrate de no enviar mensajes velados con tus gestos, tu postura o tus movimientos.

En el trabajo, tu lenguaje corporal debería ser como la puerta de tu oficina: medio abierta para que otros puedan entrar y medio cerrada para conservar tu privacidad. Por esta razón, te sugiero varias estrategias.

Mantén un contacto visual ligero, juguetón y, sobre todo, respetuoso. Si has mantenido la mirada de un colega el tiempo suficiente como para obligarle a que mirara hacia otro lado, te has excedido.

Asegúrate de que tu sonrisa es amistosa pero sin llegar a resultar insinuante. Las sonrisas sensuales, los gestos coquetos –como, por ejemplo, sacudirse el pelo o la ropa– o humedecerse los labios son acciones demasiado explícitas para ser realizadas en una oficina.

La profesión que obliga más a menudo a que dos personas se den la mano es la de comercial. Deberías, sin embargo, estrechar la mano a un colega que te resulte especial durante sólo una milésima de segundo más de lo habitual.

En un ambiente de trabajo, los mensajes encubiertos son preferibles a los abiertos. Si hay un hombre o una mujer en tu lugar de trabajo que te interesa, puedes mostrarle tu aprecio inclinándote ligeramente mientras habláis y, de ese modo, podrás limitar el flirteo sólo apartando un poco tus hombros; o puedes mantener respecto a él la distancia de un brazo extendido mientras colaboráis en ese proyecto y ofrecerle sutilmente la mano abierta cuando estés hablando con él sobre algún aspecto de trabajo (mostrar las palmas de las manos indica que estás abierto a una posible amistad).

79

Accesorios eficaces para ligar

Tus recuerdos sobre las historias de Disney te harán parecer un Mickey Mouse si trabajas en un banco conservador. Y la camiseta de Grateful Dead que tanto aprecias pero que ya atesora veinte años puede arruinar tu carrera como comercial. Pero los complementos discretos que muestran algo personal sobre ti, aunque sin revelar demasiado de tu vida privada, sí funcionan a tu favor en la oficina. Aquí hay algunos que podrías usar.

Un recuerdo en el que se pueda ver que has estado haciendo alguna actividad al aire libre. Una editora de Nueva York tiene una fotografía de cuando hacía *rafting* en el río Colorado. La fotografía no interfiere en su vida profesional, sino que incluso la humaniza, y ofrece a los visitantes de la editorial un tema de conversación, lo que sin duda ayuda, además, a enfrentarse a difíciles reuniones de negocios.

El bolígrafo que todavía no te han devuelto. Los hombres y las mujeres de negocios son excelentes ladrones de bolígrafos. Pídeles que firmen sobre la línea de puntos y… ¡ya! Ese Montblanc que te regalaron ya no está. Sonríe, pídele que te lo devuelva y explícale por qué significa tanto para ti. Unas palabras aparentemente inocuas pueden abrir las puertas de una conversación.

Cosas que todo el mundo necesita. No me refiero a clips para papeles o a grapas. Cualquiera lo suficientemente sensato puede tener los suyos. Pero ¿qué hay del pequeño cuenco lleno de caramelos de menta (¡irresistible!), de hilo y aguja (¡a no ser que seas un cirujano, nunca te ofrezcas a coser nada!), de libros de referencia sin los que nadie puede trabajar, de un programa de ordenador que permite que las tareas más pesadas se lleven a cabo en menos tiempo o de un juguete para reducir el estrés? Conozco a un experto ligón que trabajaba en una oficina donde sólo la gerencia tenía acceso a la máquina de café y que entabló amistad con casi todos los que pertenecían a su mismo nivel instalando una en su despacho.

80

Ejercicio: Usa correctamente tus tarjetas de visita

Las tarjetas de visita de los hombres y mujeres de negocios –ya sean reales o impresas por uno mismo– no son sólo para ser usadas en el trabajo. Realmente, los ligones hábiles nunca salen de casa sin ellas. ¿Por qué? Pues porque entregar una tarjeta es algo que perdura más que una primera impresión; porque das al objeto de tu flirteo la opción, que sin duda resulta menos amenazadora, de que sea él quien llame (¿quién no se lo piensa dos veces cuando un extraño le pide el número de teléfono?); o, simplemante, porque es la manera perfecta de finalizar un encuentro sin que acabe realmente.

Con esto en mente, tu tarea para esta próxima semana es dar tantas tarjetas como puedas en fiestas, conferencias, convenciones, espectáculos... o sea, en cualquier lugar donde empieces una conversación con una persona a la que te gustaría conocer mejor.

No tengo ninguna duda de que conseguirás tanto éxito como los asistentes a mis seminarios, quienes han conseguido convertir en nuevas amistades las tarjetas de visita que han repartido, en información sobre los lugares donde se pueden comprar los mejores colchones dobles (esto es lo que consigues cuando intercambias tarjetas en un bar de Madrid) y, en una ocasión, incluso en un nuevo trabajo.

81

La tarjeta que te perjudicará en lugar de ayudarte

Instructor sexual graduado
Pregunte dentro

Ve donde desees, pero sin esto.

82

No mires ahora: te pueden interpretar los sentimientos

Ella te está sonriendo mientras hablas, está asintiendo con la cabeza a cada comentario que haces. Este primer encuentro está saliendo bastante bien, ¿no crees? Realmente es difícil afirmarlo. Aunque la mayoría de ligones son sinceros, cada uno de nosotros ha desarrollado un vasto repertorio de comportamientos para enmascarar los verdaderos sentimientos. Es algo bueno. Muy pocos de nosotros habríamos sido contratados o incluidos en el testamento de nuestros padres si siempre hubiéramos reaccionado con respuestas honestas en vez de con respuestas convenientes.

Pero si todo el mundo es capaz de esconderse tal como lo hacemos nosotros, ¿cómo podemos saber si la persona que nos atrae también está interesada en nosotros?

Pues consultando lo que los investigadores llaman *información no verbal*, o sea, las sutiles señales físicas que comunican a un compañero los verdaderos sentimientos a pesar de los esfuerzos por ocultarlos.

Los brazos cruzados son una señal. Puede estar sonriendo pero si mantiene los brazos cruzados, lo mejor sería que te fueras. Significa que estás entrando en terreno peligroso.

Su posición también te da información. Si se levanta hasta estar completamente erguido, algo que has dicho le ha literalmente puesto en pie. Si, por el contrario, se encoge, significa que se está aburriendo.

Si se cubre la boca mientras habla o si se toca la nariz después de afirmar algo, tu interlocutor puede estar jugando con la verdad. Presta atención.

Los gestos incongruentes son indicadores; por ejemplo, si ella te dice que sí pero simultáneamente niega con la cabeza, no está siendo clara o te está mintiendo. Si tienes dudas, confía en su lenguaje corporal, ya que resulta más difícil de enmascarar.

83

¿Qué digo después de saludar? Once formas de mantener a todo riesgo una conversación

Haz preguntas que exijan respuestas abiertas. Evita todas las que se puedan contestar con un simple sí o un simple no.

Nunca contestes a una anécdota con otra, ya que reduce la conversación a un juego de historias individuales.

Céntrate en las áreas que manifiesten un interés común: crearás un vínculo instantáneo.

No acabes las frases de alguien. Interrumpir a alguien es desagradable y aniquila la posibilidad de descubrir lo que realmente piensa y siente quien habla.

Pide las opiniones de los demás... no discuten cuando las dan.

Describe tu profesión de modo que resulte interesante a los demás. Dile a alguien que trabajas como analista de sistemas de electricidad y sus ojos se desviarán a otro lado; explícale que controlas la energía que permite el funcionamiento de su aire acondicionado y despertarás su curiosidad.

Si estás hablando con alguien que ya conoces, haz referencias a vuestra conversación anterior. Así tu interlocutor sabrá que valoras sus opiniones lo suficiente como para recordarlas.

Si tus sentimientos sobre un determinado tema no se pueden explicar en unas pocas frases, olvídalo. La afirmación breve de una opinión siempre resulta más interesante, mientras que si te extiendes parece que impartas una clase.

Expresa ganas de mostrarte a los demás.

Haz un esfuerzo real por acordarte del nombre de tu interlocutor. Si lo olvidaste, recuérdale lo mucho que te marcó su conversación diciéndole: «Tu historia era tan interesante... ¡No puedo creer que no recuerde tu nombre!». Recuerda: la palabra más dulce para los oídos de una persona es su propio nombre.

No centres demasiado la conversación en tu propia vida. Si empiezas cada frase con un «yo», es poco probable de que acabes utilizando un «nosotros».

84

Maneras divertidas de ligar en un seminario destinado a ello

Ve hacia el candidato a ser tu ligue y dale tu impreso de matriculación al seminario. Cuando se muestre confuso, dile: «¿No eres el instructor? Lo siento, pero eres tan encantador y se te ve tan seguro de ti mismo que pensé que eras tú quien daba esta clase».

Préstate como voluntario para un juego de rol o un ejercicio de demostración. Los guiones suelen estar escritos para resultar divertidos, por lo que incluso un ligón a quien se le traba la lengua actuará como si fuera la estrella de la fiesta que siempre tiene algo inteligente que decir. Al prestarte como voluntario para hacer un ejercicio de demostración, mostrarás tu vulnerabilidad, sentido del humor y deportividad. El resto de la clase querrá conocerte y esto facilitará que se acerquen a ti durante los descansos del seminario.

Atentos y atentas a los hombres y mujeres que intenten ligar contigo. Es tan fácil para los ligones novatos concentrarse en hacer la sonrisa adecuada que no se dan cuenta de que les están sonriendo a ellos. Un seminario para aprender a ligar te pone frente a frente con un gran número de solteros que quieren relacionarse contigo. Responde a sus señales y ésta puede ser la última vez que tengas que ligar.

85

No dejes los encuentros casuales en manos del azar

Si sabes que ella espera en la parada el autobús cada mañana a las 8.33, si sabes que él compra el periódico cada tarde en el mismo lugar cuando sale del trabajo, sincroniza tu reloj y ponte al acecho para ligar.

Una tarde, mi amiga Lynn estaba detrás de un hombre atractivo en la fila de una ventanilla para adquirir una entrada a mitad de precio para ir al teatro. Actualmente, el descuento sirve para todos los espectáculos de Broadway, por lo que la fila siempre es muy larga. Pero Lynn y su amigo encontraron mucho sobre lo que hablar. Descubrieron que ambos preferían los dramas a los musicales e incluso que trabajaban en el mismo sector: el de la publicidad. Cuando al final el hombre fue a comprar sus entradas, Lynn estaba en una especie de apuro:

sabía que quería conocerle mejor, pero ¿cómo? Esperar a que sus trabajos les volviera a unir en el futuro era pedir demasiado y preguntar a un hombre que apenas conocía si quería acompañarla a tomar un café era demasiado atrevido. Mucha gente soltera en el lugar de Lynn simplemente habría permitido que esta prometedora posibilidad desapareciera en Times Square. Pero Lynn no. Cuando el hombre abandonó la cola, ella se dirigió a taquilla y pidió al vendedor que le diera una entrada para el mismo espectáculo que el señor que acababa de irse y, además, que fuera un asiento lo más cercano posible al suyo. Al levantarse el telón esa noche, Lynn estaba en la fila de atrás de su nuevo amigo y, aunque él había asistido al teatro con una acompañante, se intercambiaron las tarjetas (por motivos de trabajo, por supuesto).

Algunos de los amigos de Lynn pensaron que su movimiento fue manipulador; por el contrario, yo creo que se mostró muy inteligente. Tener éxito en el flirteo –como en cualquier cosa que realices– requiere una preparación, premeditación y, algunas veces, algo de teatro. Por supuesto, añadir un poco de dramatización a tu vida apenas te cuesta nada. Si no, la imaginación continuará esperando a que le des alas.

86

Ligar no acaba cuando empieza la jubilación

Algunos de los ligones más convincentes, honestos e irrefrenables, han triplicado ya la mayoría de edad. ¿Por qué los ligones maduros son tan especiales? Tienen la paciencia suficiente como para ser encantadores en lugar de querer imponerse, nacieron en unos años en los que las parejas entablaban conversaciones en lugar de abalanzarse el uno sobre el otro y la mayoría de ellos han practicado mucho a lo largo de los años. ¿Cómo pueden estos románticos maduros salir de la serenidad en la que se encuentran y regresar a la espiral de las relaciones sociales? Los ligones veteranos que conozco han recomendado las pautas que se describen en los párrafos siguientes.

Pasea por los parques. Pasear no es simplemente un entretenimiento: es un acontecimiento. ¿Qué puede hacer por ti la reclusión en un piso? Ejercita tu cuerpo del mismo modo que tus opciones sociales, relaciónate con adultos de la edad apropiada, provéete de suficientes temas de conversación y ayúdate con una lista interminable de bares y restaurantes cercanos para tener un encuentro tranquilo. A esto yo lo llamo *comprarlo todo de golpe*.

No hables de tus dolores ni de tus enfermedades. Hacer una lista de tus problemas de salud es aburrido para cualquiera que te escuche. Es más: recrearte en tus problemas físicos denota que no estás físicamente preparado para mantener un romance.

No hagas de tu marido o esposa recientemente fallecido/a un tema de conversación. Mencionar una vez la pareja desaparecida provoca que el otro sepa que estás disponible, pero mencionarlo más de tres veces significa que no piensas ir más lejos.

¡Sal de casa! Seguro que puedes ir al banco, a comprar o a llenar formularios por correo... pero ¿por qué deberías aislarte ahora que has adquirido tanta experiencia, sabiduría y libertad? Ve al local donde se reúne la gente de la tercera edad, apúntate a alguna clase, participa en una organización cívica o simplemente pasea por la calle. Fíjate que dispones de tiempo suficiente para conocer a tus vecinos... y con los buenos vecinos también se puede ligar.

87

¿Estás a un paso del compromiso?

La nuestra es la cultura del cara a cara. Apreciamos la capacidad de mirarse a los ojos y el deseo de ser valorados por el rostro. Como consecuencia, muchos de los ligones españoles adoptan máscaras faciales, capaces de limpiar su rostro de expresiones no verbales. ¿Cómo, entonces, pueden los ligones desde Galicia hasta Andalucía interpretar correctamente las respuestas de los demás? Pues fijándose en la parte de su cuerpo más difícil de enmascarar: sus pies.

¿Podrías diferenciar a un vago de alguien que realmente vale la pena sólo mirando sus pies? ¡Puedes apostar las suelas de tus zapatos a que sí!

Si tu interlocutor está de pie con una pierna dirigida hacia ti y la otra hacia la sala, está invitando a alguien más –quien sea– a que interrumpa vuestra conversación. Ve a otro lugar, pues éste no caerá rendido a tus brazos.

Si la persona con la que hablas está golpeando el suelo con los pies o está jugueteando con ellos, probablemente tendrá ganas de moverse. Discúlpate y dale la oportunidad de relacionarse con otra gente. Seguramente estará tan impresionado por tu magnanimidad que encontrará el camino de vuelta hacia ti un poco más tarde.

Fíjate en las patadas pequeñas y agresivas. Aunque el lenguaje corporal de cintura para arriba resulte amistoso, interiormente puede que sea hostil. Ha llegado el momento de cambiar de tema o de acompañante.

Si tu interlocutor se está rascando una pierna con la otra o se está alisando las medias bajo los pantalones, es más receptivo a ti sexualmente de lo que es capaz de admitir. ¡Disfrútalo! ¡Has trabajado muy duro para ser un ligón tan efectivo!

88

Arreglos rápidos: cómo pedirle a alguien para salir sin ser explícito

«Soy demasiado tímido como para acercarme a una mujer atractiva y preguntarle si le apetece tomar un capuchino conmigo. No hace falta decir que paso mucho tiempo solo imaginándome lo que podría haber sucedido si hubiera intentado hablar con ella. ¿Qué puedo hacer?»

El miedo al rechazo, la timidez, la falta de confianza, incluso un ambiente ruidoso puede hacer que resulte difícil romper el hielo con la persona a la que nos gustaría conocer. Incluso yo, que hablaría con cualquier estatua si supiera que iba a contestarme, llevo siempre un rompehielos dondequiera que vaya. ¿Qué es un rompehielos? Pues una tarjeta que dice:

Es difícil encontrar a alguien en un lugar como éste, pero me encantaría conocerte. Por favor, llama al número de teléfono...

Un rompehielos, o una tarjeta similar que refleje tu personalidad, es un muy buen antídoto contra tu timidez. Elimina el momento, habitual en muchos tímidos, en el que temes que se te vaya a trabar la lengua: simplemente enseña la tarjeta y sonríe. Evita también el miedo al rechazo en la cara: tan sólo te servirá para saber si la otra persona habla o no.

La gente que ha asistido a mis seminarios me ha confesado que lleva tarjetas y me ha confirmado que este tipo de rompehielos realmente funciona. Algunas de las tarjetas que resultaron efectivas son:

¡Eres tan hermosa y yo soy tan tímido! Si estás interesada, llámame al...

o

Te odiaría si desaparecieras en la multitud anónima. Por favor, llámame.

Te sugiero que dediques tiempo a escribir una. Para ganar puntos, manda una a alguna mesa junto con un vaso de vino o una rosa. Dentro de poco pasarás menos tiempo solo.

89

El ligue internacional

«Para los europeos ligar es algo natural, pero los americanos no saben cómo hacerlo», me dijo una mujer de nacionalidad alemana. «Simplemente tienen demasiado miedo del sexo.»

Cualquier ligón con un poco de experiencia podría corroborar la opinión de que los ligones americanos son algo ciegos. Algunos incluso podrían beneficiarse de desarrollar un poco de miedo sexual. Sin embargo, hombres y mujeres educados en otras culturas parecen estar menos preocupados por cuestiones de protocolo, por el miedo a parecer estúpido o por piropear a un desconocido. Incluso parecen estar versados en ser encantadores y jugar su papel masculino o femenino sin el menor asomo de ser conscientes de ello.

Los europeos no practican el flirteo, ellos únicamente lo viven y lo respiran. Aquí te ofrezco algunos consejos para ayudarte a respirar cuando estés ligando con un extranjero:

Aprende el idioma, al menos lo suficiente como para poder ligar. Si necesitas una lista de frases útiles, consulta las que aparecen en la manera de ligar número 94 de este libro.

Recuerda los modales continentales. No, Caius Granticus no fue el último *homo sapiens* conocido que ayudó a una mujer a quitarse el abrigo, retiró su silla o aguantó la puerta a un extraño. Estos detalles del «viejo mundo» son actos encantadores en muchos países. Utilízalos en tu favor.

Sé un «hermoso americano». Abrirte camino a través de un autobús repleto de gente puede estar bien visto en Boston y gritar tu consumición puede ser adecuado al tipo de vida de Nueva York, pero en otros países estos comportamientos rudos son la marca de un «horrible americano». Un entretenido viaje a un destino exótico te da la oportunidad de reconsiderar –y corregir– tu actual comportamiento. Haz estos cambios mientras estés fuera y serás un ligón más efectivo cuando regreses.

No te quedes paralizado por el shock cultural. Lo he oído una y otra vez. Un soltero americano invierte miles de dólares en un viaje excitante, arriesga su vida, sus miembros o equipaje para poder ir a algún destino fascinante y acaba ligando... con otro americano que encuentra en la recepción del hotel. No permitas que un shock cultural evite que ligues dondequiera que vayas. Antes que poner ese adaptador de corriente en tu maleta, lee tantas guías de viajes como puedas. No sólo te permitirán conocer un poco ese país, sino que te informarán sobre las costumbres de los lugares que visites. Para aclimatarte mejor, lee alguna novela, mira las películas más populares o repasa los vídeos que se han realizado en el país que vas a visitar, ya que son grandes fuentes de información sobre normas, costumbres, diferencias culturales e incluso sobre la jerga que se habla. Te sentirás menos extraño en una tierra extraña. También será menos probable que te veas involucrado en alguna situación embarazosa cuando te detengas en un *lay-by* en las afueras de Londres.

Para consejos más específicos sobre cómo ligar para añadir a tus habilidades, mira en las siguientes páginas.

90

Ligar en Londres

Los ingleses no son agresivos. No invadirán tu espacio personal, ni se entrometerán en tus pensamientos, ni interrumpirán una conversación para poder untar manteca de cacahuete en una tostada. Sin embargo, son muy amigables y ligones pero sólo una vez que tú hayas roto el hielo. Tienes que empezar a hablar, pero cuando hayas dado el primer paso, vuestra conversación desbordará el Támesis.

La manera en que un susurro da la vuelta en la cúpula de la catedral de Saint Paul muestra cómo este monumento se convierte en una maravilla acústica y en una excelente oportunidad para ligar. Una ligona que conocí hace tiempo utilizaba la cúpula para susurrar el mensaje: «Si puedes oírme, por favor, saluda con la mano». Casi de inmediato, dos hombres solteros respondieron a lo que ella había propuesto. Los llamó con señas a los dos y acabaron cogiendo juntos el autobús hacia Madame Tussaud.

Ve a locales. En Inglaterra, el pub de barrio sigue siendo en la actualidad el lugar para relacionarse con los demás de un modo informal. Normalmente muchos ciudadanos británicos aprecian a los americanos (oí a un tabernero que dijo: «Americanos y australianos... esos sí que saben divertirse»), así que sólo déjate llevar. Te lo aseguro: tú y tus compañeros de pub intercambiaréis historias, bromas y teléfonos antes de que os hayáis acabado la primera pinta.

Recuerda: tu acento resulta tan interesante en Londres como el suyo lo es para ti. Trabaja este aspecto y harás que tu viaje para reencontrarte con la vieja patria sirva también para encontrar novio.

91

Ligar en París

Deja caer algo accidentalmente desde la Torre Eiffel, pero sólo objetos blandos, por favor. Este consejo puede sonar muy típico, lo sé, pero le funcionó a mi amiga Denise y ni siquiera pretendía usarlo. Denise estaba disfrutando de una gloriosa vista de la Ciudad de la Luz desde lo alto de la Torre, cuando un golpe repentino de viento se llevó su sombrero. Un galante caballero que había visto toda la escena se ofreció para ayudar a buscarlo. Acabaron paseando por las calles más encantadoras que Denise había visto jamás. Reemplazó fácilmente el sombrero, que por cierto perdió, pero para Denise los recuerdos de ese día son irremplazables.

No viajes en grupo. Los franceses se han ganado una reputación de amantes infatigables, pero ni siquiera Napoleón podría tener el suficiente valor para invadir un auténtico batallón de mujeres. Haz un esfuerzo por visitar sola algún museo, por ejemplo. Si no te sientes bien viajando por tu cuenta sin nadie más, siéntate aparte del grupo algún rato en un bar para tomar un café. Sepárate de tus viejos amigos y dales una oportunidad a las posibles nuevas amistades que quieran acercarse a ti.

El vino es una de las dos cosas que los franceses saben hacer mejor. Por lo que cuando estés indecisa ante una carta de vinos, pregúntale a un simpático extraño que te recomiende uno. Luego mándale una copa para mostrarle tu agradecimiento.

Habla francés... o, al menos, inténtalo. A los franceses en realidad no les molestan los visitantes que hablan mal su idioma, pero rechazan a las personas que se niegan a hablar cualquier lengua que no sea inglés. Haz un cursillo intensivo justo antes del viaje o aprende lo que puedas de esos casetes Berlitz. Saber un poco de «la lengua del amor» hará que ligar sea más interesante. Y si te descubres maltratando la lengua autóctona, al menos hazlo con una encantadora sonrisa en tu cara. La sonrisa forma parte del lenguaje universal.

92

Ligar en Roma

¡Come en Roma! Un almuerzo como Dios manda en Roma es una fiesta que requiere por lo menos dos horas de tu tiempo y varias botellas de vino. Puesto que la comida sin nada que la acompañe no puede engullirse (¿comer al ritmo de vida de Madrid? *È impossibile!*) y puesto que los buenos espíritus continúan actuando, acabarás hablando con todos los de la *trattoria*, tanto los que están sentados cerca de ti como los simpáticos camareros... e incluso quizá el cocinero.

Alquila una moto. No resultan muy caras, ni difíciles de conducir y son el mejor lugar para que un pasajero se abrace al conductor.

Ve al mercado. Los italianos son gregarios, gente sensible que se siente interesada por las personas que visitan su país, y sus mercados callejeros multicolor lo demuestran. Párate a admirar las berenjenas. No saldrás del lugar sin contarle al vendedor la historia de tu vida. O arriésgate y compra un ramo de flores a un extraño que te atraiga. Para los italianos, ligar es tan natural como respirar. Estará encantado.

Italia sigue siendo un país increíblemente paternalista. Por eso, muchos directores de hotel y *maîtres* cambiarán su manera de actuar para poder atender a una mujer que va sola y le ofrecerán las mesas que estén a la vista (¡las mejores para ver y ser visto!), consejo en las tiendas o, si no tienes cuidado, compañía masculina. Usa esta guía del país como juzgues conveniente.

93

Ligar en Hong Kong

Bastantes personas creen que la gente de Hong Kong y de Asia en general son distantes y reservados. Nada más lejos de la realidad. Los hombres y mujeres que conocí en Hong Kong eran simpáticos, encantadores y unos ligones considerados que se relacionaban con los demás –y entre ellos mismos– con métodos más refinados que los nuestros. Así pues, ¿cómo puede un europeo que se dedica a ligar alrededor del mundo establecer una amistad con un asiático?

No esperes que tu nuevo amigo de Hong Kong te mire a los ojos, tal como se acostumbra a hacer en nuestro país. Tanto si están dando un paso discreto y educado hacia ti como si están caminando por la calle, los hombres y las mujeres de ese hermoso país no miran a los ojos por considerarlo una falta de respeto.

De todos modos, haz lo mismo que veas que hacen tus anfitriones y reduce tus propios signos no verbales. Los solteros que encontrarás en Hong Kong no están acostumbrados a enfrentarse a una mirada prolongada y simplemente no sabrán cómo reaccionar ante una expresión abierta de interés. Además, reduce la intensidad de tu lenguaje corporal. No invadas el espacio de la persona con la que estás hablando, ni envíes mensajes insinuantes, ni hagas nada que pueda molestarle. Si te ves sometido a un shock cultural y te sientes confundido, intenta imitar los gestos y el comportamiento de tu compañero. Resultan una buena muestra de los hábitos de esta nación tan seductora y urbana.

94

Frases infalibles para el ligón viajero

La gente de cualquier país da una cálida bienvenida al visitante que habla la lengua del país. Así que, la próxima vez que viajes lleva contigo algunas de las frases más usuales traducidas a la lengua que se habla en esa zona. ¡Podrás considerarte un ligón políglota!

«¿Puedo ayudarte?» (La atención hacia otra persona siempre surte efecto en cualquier idioma.)

«¿Cuál es el nombre de tu gato (o perro)?»

«Quiero comprar entradas para el teatro (o para un concierto) esta noche, ¿qué me recomendarías?» (Especialmente efectivo si se pregunta en la cola de billetes a mitad de precio, donde el viajero puede encontrar algún crítico muy interesante.)

«No hablo muy bien el francés/italiano/etc., pero estoy haciendo todo lo posible por aprenderlo. ¿He cometido muchos errores?»

«Yo soy español. ¿Has visitado alguna vez mi país?»

«¿Dónde me recomiendas que compre el producto típico de esta ciudad?»

«¿Puedo andar parte del camino contigo?»

«¿Cómo podría agradecer tu amabilidad? ¿Te apetece una taza de café?»

«¿Te gusta viajar?» (Ésta es una buena manera de arrancar una conversación: a la gente le encanta o lo odia profundamente.)

«Eres demasiado encantador como para comer solo. ¿Te gustaría cenar conmigo?»

«Ahora que he visto tu sonrisa, me siento muy bien acogido en tu país.»

95

Consejos que facilitan la ruptura de la pareja

La finalidad de ligar es poder relacionarnos con gente fascinante o conocer a personas que jamás habíamos imaginado que existieran. La parte negativa es que algunas veces esas personas, aunque no por su culpa, no resultan ser como habíamos previsto. ¿Cómo puede un ligón considerado y comprensivo finalizar una relación que no funciona sin tener que usar baterías antiaéreas, engaños ni nada parecido? Intenta esto:

1. Utiliza frases del tipo «yo...»

«No me envías flores, no me cantas canciones de amor.» Éstos y una letanía de sentimientos amargos desembocaron en la consagración del dúo formado por Barbra Streisand y Neil Diamond como creador del himno al amor roto. Aunque la canción fue un éxito (¡qué gran banda sonora para una triste fiesta!), es un gran ejemplo de lo que un ligón sensible nunca debería hacer cuando habla con alguien que dentro de poco tiempo se convertirá en su ex.

Una frase de ruptura que empiece con un tú (como «Tú no eres mi tipo» o «¡Tú siempre me interrumpes!») no es algo que resulte agradable oír. Por un lado, provoca que el fracaso de la relación recaiga en la otra parte y, por otro, propina un golpe directo al ego de tu pareja.

Puesto que eres tú quien ha diagnosticado la incompatibilidad, se supone que debes asumir la responsabilidad de tus sentimientos. Haz un esfuerzo consciente por utilizar frases en las que tú seas el sujeto, por ejemplo: «Siento que tenemos poco en común» o «No estoy preparado para mantener una relación estable contigo». Aunque esta técnica no disminuirá el dolor que provoca la situación, dejará intacto el ego de tu pareja, por lo que podrá aceptar mejor el revés y continuar con su vida.

96

Consejos que facilitan la ruptura de la pareja

2. Amortigua el golpe con algo positivo

Di algo positivo antes de lanzar el golpe definitivo. Sólo con una o dos palabras de reconocimiento, como por ejemplo: «Me encanta cómo me haces sentir, tan cómodo y protegido...», el impacto del resto de tu mensaje será menos doloroso: «... pero no creo que esta relación funcione».

Una advertencia, sin embargo: no intentes decir alguna cosa positiva de la otra persona resaltando algún aspecto negativo de ti mismo. Frases del tipo «No merezco a alguien tan maravilloso como tú» preparan el terreno para una discusión, y una diatriba de los méritos respectivos no facilitará que acabe todo lo antes posible. Es más: las despedidas con un tono autocrítico del estilo «No te merezco» nunca parecen sinceras. Si entraste en la vida de tu actual pareja como un ligón empedernido, lo más aconsejable es que salgas de ella de la misma manera.

97

Consejos que facilitan la ruptura de la pareja

3. No alargues demasiado la situación para conseguir disminuir el dolor

Ella preguntará, él negará. Tu casi ex novio o ex novia puede ponerse a llorar o incluso puede romper algo para provocar que le reveles la verdadera razón de tu decisión. Él o ella está suplicando una segunda oportunidad. No cedas.

Sé que es tentador decirle que su incapacidad para conseguir controlarse te hace sentir como si fueras una marioneta. Pero ¿qué vas a responderle cuando te prometa que va a cambiar sin que haya ataduras? Y sé que estás muy lejos de decirle que ya has pasado en otras ocasiones por ese lloriqueo crónico y por esas promesas. Y ¿cómo piensas pararla en el momento en que te asegure que preferiría tener que pasar por una operación antes que plantearse perderte?

De hecho, su tratamiento de silencio o su tendencia a leer los subtítulos de una película en voz alta han logrado entretenerte, pero no es eso lo que ha provocado que desees salir de su vida. Quieres cortar un lazo porque no te satisface en este momento. Cuéntale esto y acaba así con la situación.

98

Consejos que facilitan la ruptura de la pareja

4. Haz un corte limpio

No le digas que llamarás si no piensas hacerlo, o no le sugieras que «aún podéis ser amigos» si realmente quieres que sea agua pasada. Puede ser realmente difícil desligarse de una persona que sufre, sobre todo cuando esta persona ha significado mucho para ti. Romper quiere decir separarte emocional y físicamente de alguien con quien has establecido una relación que ya no te satisface, y, hasta que no lo logres, no serás capaz de tener otras relaciones productivas.

99

Consejos que facilitan la ruptura de la pareja

5. Acepta y comprende la reacción de tu pareja sea cual sea

No debes responsabilizarte de los sentimientos de tu pareja, pero tampoco puedes actuar como si no existieran. Si está enfadada, hazle comprender tus sentimientos con frases del tipo: «Siento que estés enfadada. Pero no sería bueno para mí mantener una relación con la que no puedo comprometerme»; y si te responde un «Cómo pudiste hacerme esto a mí después de todo lo que he hecho yo por ti», no te sientas culpable por ello. Solamente debes corroborar sus sentimientos con afirmaciones como: «Es cierto, tienes toda la razón. Hemos hecho mucho el uno por el otro. Es una pena que lo nuestro al final no haya cuajado».

No puedes satisfacer a los demás y a ti mismo a la vez. Si tu decisión de romper provoca que tu compañero piense mal de ti, que así sea. Si te esfuerzas en romper la relación con amabilidad y sensibilidad, debes sentirte bien por tu honestidad, tu simpatía y tu futuro.

100

Por qué nunca debes dar a nadie un número falso

1. Una bofetada educada y sincera puede acarrear al Sr./Sra. Poco Oportuno/a unos cuantos segundos de desilusión, pero darle un número falso para evitar el problema puede suponerle horas, incluso días, de verdadera frustración. Si no hay buena química, simplemente dile que no. Una mala mezcla bajo presión puede explotarte en la cara.

2. La posibilidad de que un ligue refrescante y genuino como tú le diera un número falso será inconcebible para él. Entonces, creerá que ha habido algún error y hará cualquier cosa para solucionarlo. Si estás en el listín telefónico, te encontrará. Si sabe en qué trabajas, mirará en las Páginas Amarillas. Si le encuentras de nuevo en una fiesta, te localizará a través de la anfitriona.

3. Volveréis a coincidir. Si has tropezado alguna vez con una de esas mujeres egocéntricas y con mal humor, es posible que te la vuelvas encontrar de nuevo. Sólo que la próxima vez será una mujer egocéntrica, con mal humor… y estará enfadada.

4. Está bien que no quieras dar tu número, pero ¡no des uno que podría ser de otra persona! Recientemente, Barbara, la coautora del libro, recibió por lo menos veinte llamadas –todas a horas poco habituales– de alguien que preguntaba por una tal Bev. Durante la primera semana, el que llamaba insistía en que Bárbara era realmente la tal Bev, pero luego empezó a acusarla, de un modo algo agresivo, de estar ocultándola. Tuvo que amenazarle con demandas judiciales para hacer que el insomne dejara por fin de llamarla. Desde aquel día, Bárbara interroga a todas las Bev que conoce.

101

¡Haz que cualquier lugar funcione!

Puede ser una tentación para ti reservar tus artimañas para ocasiones especiales donde conocer al hombre o a la mujer apropiada sea, de hecho, como «encontrar una aguja en un pajar». ¿Es un error? Busca la respuesta tú mismo y pregunta a diferentes parejas dónde se conocieron. La lista que acumules será como el listín telefónico: lavando el coche, en el veterinario, en el zapatero, en una visita al acupuntor, en la biblioteca, en un bar abarrotado, en el *jacuzzi* de un gimnasio, en carreras de motos, etc. No son lugares donde los solteros ocupados paren durante diez minutos, sino sitios donde se puede ligar… ¡para toda la vida! Y esto es sólo el principio. Los más de cinco mil hombres y mujeres que se han graduado en mis seminarios han encontrado a su pareja en lugares que van desde los más ridículos (escuelas de payasos, carnavales o programas de televisión) hasta los más sublimes (el mirador de un castillo, por ejemplo). Tú también puedes conseguirlo si eres lo suficientemente creativo y abierto, sin que importe realmente el lugar en el que estés.

¿Cómo convertir un local habitual en el lugar perfecto para emprender la aventura de ligar? Los siguientes consejos te ayudarán a arrancar:

Mira a tu alrededor. Si cada día haces la misma ruta y nunca te fijas por dónde vas ni en lo que pasa a tu alrededor, ¡ya es hora de que abras los ojos! Detrás de cada ventana hay treinta historias: en la acera por la que caminas, en un escaparate bien decorado o incluso en la obra que te obliga a bajar de la acera cada día desde hace tres meses. Todos pueden ser un buen lugar para empezar una conversación con alguien, dado que te has fijado en ellos y...

Comparte tus pensamientos con cualquier persona que tenga la suerte de estar cerca de ti. Una tarde subí a un autobús que cruzaba la ciudad y me tropecé con el hombre más guapo que había visto desde hacía meses. Era un tipo duro, como Clint Eastwood, tenía los ojos azules de Paul Newman... y yo, por una vez en mi vida, ¡fui incapaz de decir nada inteligente! Así que pasé por delante de él para sentarme en mi sitio habitual –al final, sobre la rueda trasera– y, como buena neoyorquina, empecé a decir en voz alta sin dirijirme a nadie en particular: «Es mi sitio preferido, pero hoy hace tanto calor». «También es mi sitio favorito», respondió él, lo que me dejó sorprendida y boquiabierta.

Desde aquel momento, empezamos a hablar. Le pregunté cómo podía caber con sus piernas tan largas en aquel lugar tan reducido, y me contestó que aquel asiento le permitía estirar sus piernas sin molestar a nadie. Noté que tenía un acento extraño. Me confesó que era de Nashville, y nos enfrascamos tanto en la conversación que ninguno de los dos se dio cuenta que nos habíamos pasado de nuestra parada. Antes de que cada uno siguiera su camino, le di mi tarjeta y, aunque nunca me llamó, siempre recuerdo la lección.

¿Cuál? Ir a lugares públicos con la mirada atenta y hacer comentarios inteligentes (o no tanto) te da la oportunidad de compartir tus pensamientos divertidos con alguien. ¿Y si no lo son? Pues simplemente sonríe y sigue tu camino. Siempre habrá alguien más receptivo a la vuelta de la esquina, otro posible ligue.

Haz preguntas. Las personas que ligan más saben que da buen resultado hacer preguntas, en particular aquellas que no pueden responderse simplemente con un sí o con un no. Por lo tanto, la próxima vez que estés atrapado en una cola de la ITV, no pongas la radio. Pregunta al del coche deportivo que está delante de ti si es normal que tarden tanto. O, estés donde estés, pregunta siempre por aquel anillo tan llamativo que lleva puesto.

¡Te aseguro que puede ser una excelente excusa para poder ligar!

Pero sobre todo diviértete, hagas lo que hagas y estés donde estés. El entusiasmo es contagioso y tienes buenos motivos para estar alegre. Con este libro, has aprendido a descifrar el lenguaje del cuerpo de los demás, a emitir signos no verbales, a conseguir compañeros apropiados y creativos y a saber cómo decir adiós a aquellos que no lo son. Has aprendido 101 nuevas maneras de atraer a aquellas personas que tú elijas en cualquier sitio que te propongas. O sea que, estés donde estés, te encuentras en un terreno fértil para ligar. Disfrútalo.

- Atento a los ligues.

- Siente que estás haciendo lo correcto, que incluso ligar es importante.

- Mantén al menos cinco actividades sociales interesantes a las que recurrir.

- Recuerda que *ligar* es un verbo que denota acción. Así que… ¡hazlo!

Nota sobre la autora

Susan Rabin espera que hayas aprendido y disfrutado con los 101 modos de ligar que te propone. Si estás interesado o interesada en su casete *How to Flirt* («Cómo ligar»), en su cinta de vídeo *How to Flirt, Date, and Meet Your Mate* («Cómo ligar, citar y conocer a tu ligue»), en su anillo para flirtear o en sus tarjetas para romper el hielo, por favor envía: 14 dólares por el casete, incluidos los gastos de envío; 23 dólares por el vídeo, incluidos los gastos de envío; 35 dólares por ambos, incluidos los gastos de envío; 9,95 dólares por el anillo para ligar, con 3 dólares para el envío; 9 dólares por las tarjetas para romper el hielo. (Sólo desde Estados Unidos.) Envía un sobre con tus señas a:

SUSAN RABIN
P. O. Box 660
New York, NY 10028

Biografía

Susan Rabin es presidenta de Dynamic Communications, una compañía dedidada a construir y mejorar relaciones. Susan es consejera de relaciones, terapeuta de conflictos emotivo-racionales y asesora en empresas sobre efectividad relacional y habilidades interpresonales.

Además, Susan es la fundadora de la Escuela para ligar, con sede en Nueva York, cuyo número de teléfono es: 00-1-212-439-4305.

Susan ofrece libros y casetes, imparte seminarios, da conferencias y presta asesoría y apoyo.

A Susan le encantaría conocer las historias de tus ligues que han tenido éxito. Quien lo logre puede enviarle una carta en un sobre en el que ponga «FLIRTING Stories» junto a la dirección indicada anteriormente.

Puedes visitar su página web en la dirección electrónica: http://www.cupidnet.com/sof.

Puedes conseguir su primer libro, *How to Attract Anyone, Anytime, Anyplace*, en la Editorial Putman llamando al 1-800-253-6476.

Ejemplo de tarjetas para romper el hielo:

Es difícil conocerse en un sitio como éste, pero me encantaría volver a verte. Por favor, llámame.

Índice